Gezielt fördern

Grammatik

7/8

Verben, Präpositionen, Satzglieder, Sätze

Erarbeitet von Julia Müller, Constanze Niederhaus, Christiane Robben

Cornelsen

Inhaltsverzeichnis

der Infinitiv

Ein sportliches Paar

Xenia **trifft** ihren Freund Stefan.
Sie sehen sich jeden Tag.
Stefan mag Xenia sehr.
Sie sind seit drei Monaten ein Paar.
Beide lieben Sport.
Stefan trainiert in der Fußballmannschaft.
Xenia spielt Hockey.

Fliegen, lachen, rennen sind Verben.
Verben sagen, was man tut und was passiert.

1 Was tun Xenia und Stefan?
Markiere[1] im Text alle Verben.

Im Wörterbuch findest du die Verben in der Grundform (Infinitiv).

2 a) Schreibe die Wörter aus dem Text auf.
b) Schreibe das Verb im Infinitiv daneben.

A) Xenia *trifft* ________ *treffen* ________
B) sie ________ ________
C) Stefan ________ ________
D) sie ________ ________
E) Beide ________ ________
F) Stefan ________ ________
G) Xenia ________ ________

sein
lieben
treffen
trainieren
sehen
mögen
spielen

sein
ich bin
du bist
er/sie/es ist
wir sind
ihr seid
sie sind

3 Schreibe zu jedem Verb den Infinitiv auf.

er aß: ________ sie saß: ________

er will: ________ sie kann: ________

1 markieren: etwas hervorheben, zum Beispiel mit einem Stift unterstreichen

die Stellung im Aussagesatz

4 a) Setze die Verben aus dem Kasten in die richtige Lücke.
b) Kreise die Verben ein. An welcher Stelle im Satz stehen sie?

hört sind streiten lachen liest

Xenia __liest__ gerne Comics.

Stefan ________________ lieber Musik.

Manchmal ________________ sie auch.

Sie ________________ beide sehr ungeduldig.

Danach ________________ sie aber darüber.

Im Aussagesatz steht das Verb immer an 2. Satzgliedstelle im Satz.

5 a) Bringe die Satzteile in die richtige Reihenfolge.
Schreibe die Sätze auf.
Achte darauf, dass nur Aussagesätze entstehen.
b) Kreise das Verb ein.

Xenia	Sport	mag	
jeden Tag	Stefan	seine Hausaufgaben	macht
direkt	über das Tor	der Ball	fliegt
hört	Stefan	sehr laut Musik	gerne

Xenia (mag) Sport.

____

____

____

die Stellung im Fragesatz

Farids Party

Farid fragt Engin: „Kommst du zu meiner Party?"
Engin: „Kommt Sara auch?"
Farid: „Ja, sie kommt. Kennst du sie?"
Engin: „Erinnerst du dich nicht mehr?
Sie war auf meinem Geburtstag."
Farid: „Nein, das weiß ich nicht mehr."

1 a) Unterstreiche die Fragesätze.
b) Kreise in den Fragesätzen die Verben ein.

Bei Fragen, auf die du mit ja oder nein antworten kannst, steht das Verb ganz vorne im Satz – an erster Stelle. Man nennt diese Fragen Entscheidungsfragen.

2 a) Markiere[1] in den folgenden Satzteilen die Verben.
b) Bilde aus den Satzteilen Entscheidungsfragen.
Stelle das Verb immer an den Anfang.
c) Kreise in deinen Fragesätzen die Verben ein.

du	gerne	spielst	Handball
dieser Zug	nach Bremen	fährt	
sauer	noch	du	bist
zu meiner Party	kommst	du	
Hunger	habt	ihr	

Spielst du gerne Handball?

___

___

___

1 markieren: etwas hervorheben, zum Beispiel mit einem Stift unterstreichen

Modalverben

1 a) Ergänze die Sätze zu den Bildern.
Trage die Verben in der richtigen Form ein.
b) Kreise die Formen von mögen, können, wollen, dürfen, müssen, sollen und den Infinitiv ein.
c) Verbinde die beiden Verben mit einer Klammer.

Die Verben dürfen, können, sollen, wollen, mögen und müssen nennt man Modalverben.

Er möchte (mögen) auf den Turm steigen (steigen).

Er ________ (wollen) Ski ________ (fahren).

Er ________ (dürfen) nichts ________ (essen).

Er ________ (müssen) auf den Bus ________ (warten).

Er ________ (sollen) früh ________ (aufstehen).

Er ________ (können) Fußball ________ (spielen).

Das Modalverb und der Infinitiv klammern den Satz ein.
Sie bilden eine Verbklammer.

Modalverben

2 Trage die Sätze aus Aufgabe 1 in das Schema ein.

	Modalverb		Infinitiv
Er	möchte	auf den Turm	steigen.

3 a) Bilde mindestens fünf Sätze und schreibe sie auf.
b) Markiere in jedem Satz die Verbklammer.

Jan Souheib Meine Schwester Sara Mein Lehrer Simon	will möchte kann darf soll muss	mit dem Bus keine Hausaufgaben Basketball Tim einen Ausflug Kanu Fahrrad Mathematik	fahren treffen machen lernen spielen aufgeben sehen

Souheib möchte einen Ausflug machen.

trennbare Verben

Urlaub

Sercan kommt morgens auf Teneriffa an. Zuerst ruft er seine Freunde an. Sie holen ihn am Flughafen ab. Am Nachmittag ruht er sich am Strand aus. Abends laden sie alle Nachbarn zum Essen ein.

ABC
ankommen
anrufen
abholen
ausruhen
einladen

Manche Verben können getrennt werden. Man nennt sie trennbare Verben. Ihr erster Teil wird abgetrennt und an das Ende des Satzes gestellt.

Die trennbaren Verben können auch eine Verbklammer bilden.

1 a) Markiere[1] die getrennten Verbteile im Text.
b) Verbinde die getrennten Verbteile mit einer Klammer.
c) Setze die Verbteile wieder zusammen.
Schreibe die zusammengesetzten Verben auf.

Starthilfe
Ich **komme** auf Teneriffa **an**.
→ ankommen

ankommen, ______________________

____

____

2 a) Setze passende trennbare Verben aus der Randspalte ein.

Ich *lade* meine Schwester ins Kino *ein*. Er ______ die Tür ______. Herr Meister ______ die Turnhalle ______. Jana ______ mit ihrem Vater ______. Cem ______ den Ball als Erster ______.

ABC
einladen
zumachen
aufschließen
mitfahren
aufheben

Extraportion

3 a) Bilde zu jedem trennbaren Verb einen Satz.
Schreibe die Sätze in dein Heft.
b) Markiere die Verbklammer.

aufmachen zuhalten weglegen abholen anziehen einsteigen

Ich mache das Fenster auf.

1 markieren: etwas hervorheben, zum Beispiel mit einem Stift unterstreichen

das Präsens: regelmäßige Verben

Gruppenarbeit

Herr Wanowski kommt in das Klassenzimmer. Die Schüler toben herum.
Der Lehrer geht langsam zu seinem Tisch. Herr Wanowski schaut in die Klasse.
Erkut ruft: „Was machen wir heute?"
Herr Wanowski antwortet: „Die Klasse arbeitet heute in Gruppen."
Die Schüler setzen sich. Dieser Unterricht macht meistens Spaß.

ABC
ich komme
du kommst
er/sie/es kommt
wir kommen
ihr kommt
sie kommen

1 a) Markiere[1] im Text alle Verben und die dazugehörigen Nomen.
b) Umkreise die Endungen der Verben.

Wenn du ein Verb im Satz verwendest, bildest du die Personalform. Dabei wird die passende Personalendung angehängt. Das Präsens verwendest du, wenn du etwas berichtest, was in der Gegenwart passiert.

2 Schreibe die Personalformen für die Verben arbeiten und spielen wie in der Randspalte in dein Heft.

ABC
ich arbeite
du arbeitest
er/sie/es arbeitet
wir arbeiten
ihr arbeitet
sie arbeiten

3 Trage das Verb arbeiten in der richtigen Personalform in die Lücken ein.

Herr Wanowski fragt: „Mohammed, ______________ du mit Betül und Saskia zusammen?" Mohammed ruft: „Ich ______________ nicht mit Mädchen!" Betül lacht: „Du meinst, du ______________ mit Jungen? Das wäre das erste Mal, dass wir dich ______________ sehen."

ABC
ich spiele
du spielst
er/sie/es spielt
wir spielen
ihr spielt
sie spielen

4 a) Trage die Verben in Klammern in der richtigen Personalform ein.
b) Umkreise bei allen Verben die Personalendungen.

Mohammed ärgert (ärgern) sich. Er ______________ (antworten):
„Natürlich ______________ (arbeiten) ich!" Er ______________ (setzen) sich zu Betül und Saskia. Aufmerksam ______________ (schauen) er sich die Aufgaben an.
Und tatsächlich – er ______________ (zeigen) es allen und ______________ (lösen) die schwerste Aufgabe.

1 markieren: etwas hervorheben, zum Beispiel mit einem Stift unterstreichen

das Präsens: unregelmäßige Verben

Mutig

Piotr **sieht** Tina ständig auf dem Schulhof. Sie **läuft** immer mit ihren Freundinnen herum. Piotr **nimmt** all seinen Mut zusammen und **spricht** sie an: „Tina, gehst du mit mir am Sonntag Eis essen?" Sie **trifft** sich gerne mit ihm.

Bei manchen Verben ändert sich bei der 2. Person (du) und der 3. Person (er/sie/es) der Vokal: sehen → er sieht. Diese Verben sind unregelmäßig.

ABC
sehen →
du siehst, er sieht
laufen →
du läufst, er läuft
nehmen →
du nimmst,
er nimmt
sprechen →
du sprichst,
er spricht
treffen →
du triffst, er trifft

1 a) Lies den Text.
b) Trage zu allen Verben im Infinitiv (linke Spalte) die Verbformen in der 2. und 3. Person ein.
c) Rahme die Vokale ein, die sich geändert haben.

Infinitiv	2. Person (du)	3. Person (er/sie/es)
sehen	du siehst	er sieht
laufen	du	er
nehmen	du	er
sprechen	du	er
treffen	du	er

ABC
ich laufe
du läufst
er/sie/es läuft
wir laufen
ihr lauft
sie laufen

2 Suche dir zwei Verben aus Aufgabe 1 aus und schreibe sie in allen Personalformen (ich, du, er/sie/es, wir, ihr, sie) in dein Heft.

ABC
ich nehme
du nimmst
er/sie/es nimmt
wir nehmen
ihr nehmt
sie nehmen

3 Bilde zu jeder Person in der linken Spalte einen Satz. Schreibe ihn in dein Heft.
Achtung: Du musst das Verb noch in die richtige Personalform setzen.

Person	Infinitiv	
Ich	nehmen	Englisch.
Du	sehen	zum Bus.
Er	fangen	mit Brille besser.
Sie	laufen	Bälle sehr geschickt.
Wir	sprechen	drei Kugeln Eis.

das Präsens: haben und sein

Geschwister

Alex hat einen Bruder und eine Schwester. Seine Schwester ist elf Jahre alt und sein Bruder ist 17 Jahre alt. Die Geschwister sind in derselben Schule. Aber zum Glück haben die Kinder verschiedene Lehrer. Denn Alex' Bruder ist ziemlich frech und Alex hat keine Lust, dass die Lehrer das Gleiche von ihm denken.

haben
ich habe
du hast
er/sie/es hat
wir haben
ihr habt
sie haben

sein
ich bin
du bist
er/sie/es ist
wir sind
ihr seid
sie sind

1. a) Lies den Text.
   b) Markiere[1] alle Formen von haben und sein und die dazugehörige Person.

2. Trage die Personalformen von haben und sein in die Tabelle ein.

Person	haben	sein
1. Person Singular	ich	ich bin
2. Person Singular	du	du
3. Person Singular	er/sie/es	er/sie/es
1. Person Plural	wir	wir
2. Person Plural	ihr	ihr
3. Person Plural	sie	sie

3. Setze die richtige Personalform von haben oder sein in die Lücke.

Bülents Bruder Ahmed ___________ (haben) heute Geburtstag.

Bülent und seine Schwester ___________ (haben) eine Überraschung.

Sie ___________ (sein) sehr stolz auf ihre Idee. Sie ___________ (haben) für ihn ein Ticket für ein Formel-1-Rennen gekauft.

„Du ___________ (sein) zwar manchmal frech, aber du ___________ (sein) trotzdem ein toller Bruder!", erklären sie ihm. „Ihr ___________ (sein) die besten Geschwister, die man sich wünschen kann!", ruft Ahmed.

1 markieren: etwas hervorheben, zum Beispiel mit einem Stift unterstreichen

das Perfekt mit haben

Ein toller Tag

Sina erzählt am Montagmorgen ihrer Freundin Nancy:
„Gestern habe ich viel Spaß gehabt. Ich habe erst lange gefrühstückt. Dann habe ich mit meiner Freundin Esra telefoniert. Hinterher habe ich mit meinem Bruder Karten gespielt. Erst hat er gewonnen, dann ich. Mittags habe ich mit meiner Familie gegessen. Meine Eltern haben gemeinsam gekocht. Es hat sehr gut geschmeckt. Am Nachmittag haben wir alle einen Ausflug an den Badesee gemacht. Was hast du gemacht?"

Das Perfekt verwendest du, wenn du über Vergangenes mündlich erzählst.

1 Lies den Text.

2 Beantworte die Fragen in ganzen Sätzen.
Schreibe in dein Heft.

Was hat Sina vormittags gemacht?
Wer hat das Essen gekocht?
Was hat die Familie nachmittags gemacht?

Starthilfe
Sina hat vormittags lange gefrühstückt.

**Das Perfekt hat zwei Teile: Ich habe die Wäsche gewaschen.
Ich habe den berühmten Schauspieler gesehen.**

3 a) Markiere[1] in dem Text oben alle Formen von haben und das dazugehörige Verb.
b) Schreibe alle Formen von haben aus dem Text und die dazugehörigen Verben in dein Heft.

Starthilfe
habe ... gehabt
habe ... gefrühstückt

4 a) Verbinde die passenden Formen.
b) Unterstreiche die Formen von haben und kreise die Vorsilbe ge- ein.

essen	Er hat gespielt.
schlafen	Sie haben gegessen.
spielen	Wir haben gelacht.
lesen	Sie hat geschlafen.
sitzen	Du hast gearbeitet.
lachen	Ich habe geschrieben.
kochen	Wir haben gelesen.
schreiben	Ich habe gesessen.
arbeiten	Ihr habt gekocht.

Bei unregelmäßigen Verben ändert sich im Perfekt mehr:
schreiben → er hat geschrieben
sitzen → sie hat gesessen

1 markieren: etwas hervorheben, zum Beispiel mit einem Stift unterstreichen

das Perfekt mit sein

Rad fahren oder schwimmen?

Sergej: „Wann bist du eigentlich ins Schwimmtraining gekommen?"
Azad: „Ich bin vor zwei Jahren das erste Mal hier gewesen. Davor bin ich viel Mountainbike gefahren. Aber ich bin dann zu oft hingefallen."
Sergej: „Bist du zu schnell gefahren?"
Azad: „Ja, ich bin immer ziemlich gerast."
Sergej: „Und dann bist du lieber zum Schwimmen gegangen?"
Azad: „Genau. Nun bin ich aber auch vorsichtiger geworden."

ABC
kommen → er ist gekommen
laufen → wir sind gelaufen

Die Vergangenheitsform Perfekt wird bei Verben der Bewegung meistens mit sein gebildet. Auch das Perfekt von sein, bleiben und werden wird mit sein gebildet.

ABC
sein → wir sind gewesen
bleiben → er ist geblieben
werden → ich bin geworden

Ich bin zum Bus gelaufen. **Er ist in der Stadt gewesen.**

1 a) Lies den Text.
b) Markiere[1] alle Formen von sein und die dazugehörige Verbform.

2 Vervollständige die Tabelle zum Verb rennen.

Perfekt von rennen (Infinitiv)	
ich bin gerannt	wir
du bist	ihr
er/sie/es	sie

ABC
sein
ich bin
du bist
er/sie/es ist
wir sind
ihr seid
wir sind

3 Ergänze folgende Sätze, indem du zu den Verben in Klammern das Perfekt bildest.

Azad ______ vor zwei Jahren ins Schwimmtraining ______________ (gehen).
Davor ______ er Mountainbike ______________ (fahren). Er ______ immer ziemlich ______________ (rasen). Dann ______ er lieber zum Schwimmen ______________ (gehen). Außerdem ______ er vorsichtiger ______________ (werden).

1 markieren: etwas hervorheben, zum Beispiel mit einem Stift unterstreichen

einkaufen, freuen,
kommen, rennen

4 Ergänze die Verben im Perfekt.

Azad und Sergej _______ zu spät zum Training _______________. (kommen)

Azad _______ noch einkaufen _______________. (sein)

Sie _______ deshalb mit dem Bus _______________. (fahren)

Hier treffen sie Sascha. Er _______ auf dem Weg _______________. (hinfallen)

Sein Knie blutet. „Ich _______ schnell _______________. (laufen)

Deshalb _______ ich über einen Stein _______________." (stolpern)

5 Bilde selbst Sätze im Perfekt zu den Verben aus Aufgabe 4.
Schreibe in dein Heft.

Starthilfe
Gestern bin ich ...

Extraportion

6 sein oder haben?
Setze die richtigen Formen in die Lücken ein.

Nancy erzählt ihrer Freundin Sina:

„Ich __habe__ auch ein schönes Wochenende gehabt. Am Freitag _________ ich meinen Freund getroffen. Ich _________ mich so gefreut, ihn zu sehen. Abends _________ wir ins Kino gegangen. Ich _________ mich ziemlich gegruselt. Und mein Freund _________ darüber gelacht. Am Samstag und Sonntag _________ wir in den Bergen gewandert. Am Sonntagabend _________ wir dann mit meiner Familie zu Hause gegessen. Danach _________ wir noch Gesellschaftsspiele gespielt."

das Perfekt: Partizip ohne ge-

Gemeine Tricks

Mir ist gestern Nachmittag etwas Blödes passiert:
Ich habe in meiner Schultasche Simons Matheheft entdeckt. Simon hat alle Zahlen schon addiert. Ich habe gleich mit Sergej telefoniert.
Er hat mich sofort besucht. Wir haben alle Lösungen kopiert. Zum Spaß hat Sergej dann noch selbst probiert, eine Aufgabe zu lösen. Dabei hat er bemerkt, dass alle Ergebnisse falsch waren. Simons gemeiner Trick hat bei uns leider funktioniert.

1 a) Markiere[1] alle Verben im Perfekt.
b) Schreibe sie auf.

Starthilfe
ist … passiert
habe … entdeckt

ist … passiert, habe …

Diese Verben haben im Perfekt kein ge-:
bekommen, beobachten, besuchen, entdecken, erzählen, vergessen, addieren, funktionieren, passieren, probieren.

2 a) Schreibe die folgenden Sätze im Perfekt in dein Heft.
b) Markiere alle Verben im Perfekt.

A) Ich bekomme mehr Taschengeld.
B) Er beobachtet einen Diebstahl.
C) Wir addieren riesige Zahlenkolonnen.
D) Im Kochkurs probieren wir alles.
E) Vadim erzählt häufig Lügengeschichten.
F) Fatma besucht in den Ferien ihre Großmutter.
G) Du vergisst immer deine Schlüssel.
H) Der Fernseher funktioniert wieder perfekt.

Starthilfe
Ich habe mehr Taschengeld bekommen.

Extraportion

3 Bilde selbst Sätze im Perfekt zu den folgenden Verben.
Schreibe in dein Heft.

begleiten, besuchen, verstecken, verraten,
verzieren, rasieren, probieren, marschieren

1 markieren: etwas hervorheben, zum Beispiel mit einem Stift unterstreichen

das Präteritum: regelmäßige Verben

Stefans Geburtstag

Während Stefans Geburtstagsparty herrschte ausgelassene Stimmung.
Er feierte im Jugendclub. Alle tanzten zur Musik. Seine Freunde schenkten ihm ein neues Skateboard. Stefan freute sich sehr darüber. Auf der Tanzfläche probierte er es gleich aus und machte ein paar Sprünge. Alle klatschten Beifall.

Das Präteritum verwendest du, wenn du über Vergangenes schreibst.

1 Unterstreiche im Text alle Verben im Präteritum.

2 a) Schreibe die Verben in dein Heft. Markiere das t.
b) Schreibe daneben die Verbform im Präsens.

Starthilfe
herrschte – herrscht

3 Ergänze die richtigen Verbformen.

Infinitiv	Präsens	Präteritum
lachen	ich lache	ich
machen	ich	ich machte
	ich wache	ich

4 Setze die fehlenden Verbformen ins Präteritum. Markiere das t.

kochen	erzählen	entdecken
ich	ich	ich
du kochtest	du erzähltest	du entdecktest
er	er	er
wir	wir erzählten	wir

5 a) In welcher Zeitform ist der folgende Text geschrieben?
Markiere[1] alle Verben.
b) Schreibe den Text im Präteritum in dein Heft.

Murat erzählt gerne von seinen Erlebnissen. Ich höre ihm zu und überlege, was davon stimmt. In seinen Geschichten besiegt er alle. Ich sage nichts dazu und nicke nur ab und zu.

Starthilfe
Murat erzählte gerne von seinen Erlebnissen …

1 markieren: etwas hervorheben, zum Beispiel mit einem Stift unterstreichen

das Präteritum: unregelmäßige Verben

Der Überfall

Einmal ging es in Murats Geschichte um eine gefährliche Straßengang[1], die häufig ältere Damen überfiel. Murat wusste darüber Bescheid und wollte etwas dagegen tun. Er trug ein Kleid seiner Oma und eine Perücke mit grauen Haaren. Er rief anonym[2] die Polizei und bat um eine Polizeistreife. Langsam und humpelnd ging er die Straße entlang. Als ihn die Bande überfiel, kamen die Polizisten gerade um die Ecke. Ob diese Geschichte wohl stimmte?

Bei manchen Verben ändert sich im Präteritum der Vokal. Bei manchen ändert sich noch mehr. Diese Verben sind unregelmäßig: gehen → ging, überfallen → überfiel

1. Lies die Geschichte und unterstreiche alle Verben im Präteritum.

2. a) Schreibe die Verbformen im Präteritum aus dem Text zum passenden Infinitiv. Verben, die mehrmals vorkommen, musst du nur einmal aufschreiben.
   b) Kreise die Vokale ein, die sich geändert haben.

Infinitiv	Verbform im Präteritum
gehen	ging
überfallen	
wissen	
wollen	

Infinitiv	Verbform im Präteritum
tragen	
rufen	
bitten	
kommen	

3. Welche Verbformen gehören zusammen? Verbinde den Infinitiv mit dem Präteritum.

bitten	wir erkannten
erfahren	er vergaß
bringen	sie sprach
rufen	wir riefen
sprechen	ich erfuhr
erkennen	wir baten
vergessen	er brachte

bleiben	wir saßen
finden	wir flogen
wissen	ich aß
fallen	sie blieben
sitzen	er fiel
essen	er wusste
fliegen	wir fanden

1 Straßengang: Bande von Jugendlichen, die Verbrechen begehen
2 anonym: ohne den Namen zu nennen

4 Schreibe alle Verbformen im Präteritum in die Tabelle.

erfahren	sprechen	sitzen	essen
ich erfuhr	ich	ich	ich
du	du	du saßest	du aßest
er	er	er	er
wir	wir	wir	wir
ihr	ihr	ihr	ihr
sie erfuhren	sie	sie	sie

Extraportion

5 Setze die passenden Verbformen ein.
Du findest alle notwendigen Verbformen im Präteritum in den Aufgaben 2, 3 und 4.

ABC
wissen
erfahren
vergessen
sprechen
bringen
erkennen
bitten
bringen

Murat ______________ sehr viel. Er ______________ von allen Seiten immer die neuesten Ereignisse. Und er ______________ nie die kleinste Geschichte. Wenn er dann wieder über seine neuesten Mutproben ______________, ______________ er alle Ereignisse in seiner neuen Geschichte unter. Das ______________ wir zwar irgendwann, aber wir ______________ ihn immer wieder um neue Erzählungen – denn er ______________ uns immer zum Lachen.

das Präteritum: haben und sein

Glück gehabt

Einmal hatte Murat Glück. Wir waren nach der Schule auf dem Sportplatz. Ein paar ältere Jungen waren schon da. Ich hatte gleich ein komisches Gefühl. Und ich hatte Recht. Die Jungen waren sauer auf Murat. Er war ihnen zu frech. Wir hatten große Mühe, sie zu überzeugen, dass Murat nur ein „Geschichtenerzähler" ist.

1 Unterstreiche Präteritumformen von sein und haben im Text.

2 Setze die richtigen Formen von sein und haben im Präteritum ein.

Ich ______ (sein) gestern mit meiner Freundin im Kino. Ich ______ (haben) keine Lust auf einen Actionfilm. Deshalb ______ (sein) wir im neuen Film von Walt Disney. Hinterher ______ (haben) wir noch die Idee, Celina anzurufen. Sie ______ (sein) sehr erfreut, dass wir noch zu ihr kommen wollten.

ABC

sein
ich war
du warst
er/sie/es war
wir waren
ihr wart
sie waren

ABC

haben
ich hatte
du hattest
er/sie/es hatte
wir hatten
ihr hattet
sie hatten

Extraportion

3 Setze die Verben aus dem Kasten im Präteritum in die Lücken ein.

Einmal ______ Murat: „Gestern ______ mein Bruder echt nervig. Es ______ frühmorgens und ich ______ noch. Da ______ es an meiner Zimmertür. Ich ______ in meinem Bett und ______ weiterschlafen. Doch mein Bruder ______ immer lauter meinen Namen. Irgendwann ______ ich genervt auf, ______ die Tür und ______: ,Ich liege noch im Bett und schlafe!' Er ______ grinsend: ,Tut mir leid, ich ______ nicht, dass du noch schläfst. Sonst würde ich dich fragen, ob ich dein Fahrrad benutzen darf.'"

ABC

erzählen
sein
sein
schlafen
klopfen
liegen
wollen
rufen
stehen
öffnen
sagen
antworten
wissen

das Futur

Nataljas Zukunft

So stellt sich Natalja ihre Zukunft vor: Später werde ich einmal ein großes Haus haben. Ich werde es selbst einrichten. Ich werde als Schauspielerin und Sängerin arbeiten. Alle meine Lieder werden große Hits sein. Jeden Sommer werde ich in die Südsee fliegen. Natürlich werde ich alle meine Freundinnen zu mir einladen.

Das Futur zeigt an, dass etwas in der Zukunft passieren wird.

1 Markiere[1] alle Formen des Futurs im Text.

So wird das Futur gebildet: Personalform von werden + Infinitiv:
arbeiten → Ich werde arbeiten. spielen → Er wird spielen.

2 Diese Fragen könnte man einer Wahrsagerin stellen.
Beantworte sie. Verwende dabei das Futur.

Werde ich als Kosmetikerin arbeiten?	Du wirst als Kosmetikerin arbeiten.
Werde ich in einer Band singen?	Du wirst nicht
Werde ich eine Weltreise machen?	
Werde ich heiraten?	
Werde ich einen Führerschein haben?	
Werde ich in der Stadt leben?	
Werde ich besser Mathe lernen?	

3 a) Formuliere selbst drei Fragen an die Zukunft.
b) Tausche deine Fragen mit einer Lernpartnerin/einem Lernpartner. Beantwortet eure Fragen gegenseitig.

1 markieren: etwas hervorheben, zum Beispiel mit einem Stift unterstreichen

an, auf, in, neben, unter, hinter, vor, zwischen: wohin?

Der Ausflug

Marco und sein kleiner Bruder Tim gehen in den Ferienpark. Sie stellen sich zuerst an die Kasse. Als Marco bezahlt hat, steigen die beiden Brüder auf den Aussichtsturm. Von dort können sie bis hinter die Stadtgrenze sehen. Doch Tim möchte nun sofort in die Achterbahn. Sie stellen sich zwischen zwei Familien in die Schlange. Nach der Achterbahnfahrt möchte Tim auf das Trampolin. Danach legen sich Tim und Marco unter einen Baum und ruhen sich aus. Später setzen sie sich auf eine Wiese vor das Riesenrad und machen ein Picknick. Nach und nach setzen sich viele andere Familien neben die Brüder.

Wörter wie an, auf, in, neben, unter, hinter, vor und zwischen sagen etwas über den Ort aus. Diese Wörter heißen Präpositionen. Wenn du mit den Präpositionen Antwort auf die Frage wohin? gibst, steht die Antwort im Akkusativ (Wen-Fall):

der Ferienpark → wohin? in den Ferienpark
die Kasse → wohin? an die Kasse
das Trampolin → wohin? auf das Trampolin

1. a) Lies den Text.
   b) Im Text findest du 11 Präpositionen. Kreise sie ein.
   c) Unterstreiche die dazugehörigen Artikel und Nomen.

2. Wohin gehen Marco und Tim?
   Schreibe zu fünf Sätzen aus dem Text die passende Frage und Antwort in dein Heft.

   Starthilfe
   Wohin gehen Marco und Tim? Sie gehen in den Ferienpark.

3. Wohin gehst du gern? Wohin gehst du nicht gern?
   Schreibe mindestens fünf passende Sätze in dein Heft.

Ich	gehe stelle mich setze mich klettere	an auf in neben unter hinter vor zwischen	den Strand. den Jahrmarkt. das Kino. die Stadt. den Baum. die Achterbahn. das Sofa. Partys.

an, auf, in, neben, unter, hinter, vor, zwischen: wo?

Am Abend

Marco und Tim hatten einen schönen Tag in dem Ferienpark. Abends kommen sie müde zurück. Der Vater wartet in der Küche auf sie. Das Essen steht schon auf dem Tisch. Als alle zusammen gegessen haben und die Jungen schon in ihren Betten sind, will der Vater noch aufräumen. Doch die Schuhe der Jungen stehen neben der Tür.
Ihre Jacken hängen an der Garderobe und die Taschen hängen ordentlich neben den Jacken.
Der Schlüssel liegt auf der Kommode.
Hinter dem Spiegel klemmt ein Zettel.
Auf dem Zettel steht: „Vor der Tür wartet eine Überraschung!“
Als Marcos Vater die Tür öffnet, steht zwischen zwei Kisten eine riesige Packung mit Popcorn.

1 a) Lies den Text.
b) Im Text findest du 12 Präpositionen. Kreise sie ein.
c) Unterstreiche die dazugehörigen Nomen + Artikel.

Starthilfe
Wo wartet der Vater?
Der Vater wartet in der Küche.

2 Schreibe zu fünf Sätzen eine Frage und die Antwort in dein Heft.

Wenn du mit den Präpositionen an, auf, in, neben, unter, hinter, vor und zwischen Antwort auf die Frage wo? gibst, steht die Antwort im Dativ (Wem-Fall):

der Ferienpark → wo? in dem Ferienpark

3 Wo befindet sich was?
Schreibe vier passende Sätze zu den Angaben in der Randspalte auf.

Die leeren Flaschen stehen im Keller.

___

___

___

___

ABC
die Hosen
die Sonnenmilch
die leeren Flaschen
die Sonnenbrillen
die Hausschuhe
...

im Keller
auf dem Stuhl
im Regal
im Badezimmer
hinter der Tür
...

durch, gegen, für, ohne, um – der Akkusativ

Marcos Traum

Die Achterbahn hält nur (für) das Paar an.

Marco und Yasmin steigen ohne die Taschen ein.

Die Achterbahn rast durch den Tunnel.

Sie fährt um die Kurve.

Anschließend lehnen sich Marco und Yasmin erschöpft gegen den Aussichtsturm.

1 a) Lies die Sätze.
b) Kreise die Präpositionen durch, gegen, für, ohne und um ein.
c) Unterstreiche die dazugehörigen Nomen + Artikel.

Auf die Präpositionen wie durch, gegen, für, ohne und um folgt immer der Akkusativ (Wen-Fall): → Die Achterbahn fährt (durch) den Tunnel.

2 Setze die Nomen mit Artikel aus der Randspalte im richtigen Fall ein.

Im Traum freut sich Marco, dass er mal ohne *den Bruder*

durch ______________ gehen kann. Sie laufen um

______________ und stoßen fast gegen ______________

mit den Losen. Marco kauft drei Lose für ______________.

Dann verlassen sie den Park durch ______________.

ABC
- ~~der Bruder~~
- der Vergnügungspark
- der Aussichtsturm
- der Stand
- die Freundin
- der Hinterausgang

aus, bei, mit, nach, seit, von – der Dativ

Marco und Yasmin

Marco und Yasmin sind schon seit dem Winter ein Paar.

Sie treffen sich nachmittags ______________.

Marco holt Yasmin ______________ ab. Sie sind dann oft gemeinsam ______________. Oder sie treffen sich gleich ______________.

Dort treffen sich auch andere Jugendliche ______________.

Yasmin und Marco können hier Billard spielen, Musik hören oder Hausaufgabenhilfe ______________ bekommen.

ABC
- ~~seit dem Winter~~
- nach der Schule
- mit dem Fahrrad
- bei einer Freundin
- bei dem Jugend-zentrum
- aus der Schule
- von dem Betreuer

1 a) Vervollständige die Sätze mit den Wortgruppen aus der Randspalte.
b) Kreise alle Präpositionen ein.
c) Unterstreiche die dazugehörigen Artikel und Nomen.

Auf die Präpositionen aus, bei, mit, nach, seit und von folgt immer der Dativ (Wem-Fall): → Nach dem Mittagessen gehen sie los.

2 Ordne die Präpositionen und die Artikel mit Nomen aus Aufgabe 1 in die Tabelle ein.

Präposition	Artikel im Dativ + Nomen
seit	dem Winter

vertiefende Übungen

Mit dem Fahrrad unterwegs

Alex und Jan wollen eine Fahrt mit den Fahrrädern machen und sich später mit Freunden in dem Jugendzentrum treffen. Alex holt Jan nach der Schule ab. Er hält vor dem Haus, lehnt sein Fahrrad gegen die Mauer und klingelt an der Tür. Jan wartet schon auf Alex und ist sofort bei dem Freund.

1 a) Lies den Text.
b) Kreise alle Präpositionen ein.
c) Unterstreiche die dazugehörigen Nomen mit Artikel.

2 Was machen Jan und Alex?
a) Verbinde die richtigen Satzhälften mit einer Linie.
b) Setze die passenden Präpositionen aus der Randspalte ein.
c) Schreibe die Sätze richtig in dein Heft.

Alex und Jan fahren	an einer schönen Stelle ____ dem Wald.
Sie rasten	______ die Bäume.
Sie setzen sich	______ den Park.
Ihre Fahrräder legen sie	______ die Erde.

ABC
~~an~~
durch
in
unter
auf

3 a) Kreise die Präpositionen in den folgenden Sätzen ein.
b) Setze die Artikel und Nomen im richtigen Fall ein.

Alex legt eine Decke unter ______________________.
(der Baum)

Getränke und Brote sind in ______________________.
(der Rucksack)

Sie stellen alles auf ______________________.
(die Erde)

Plötzlich bewegt sich etwas unter ______________________.
(die Decke)

Laut kreischend springt Alex auf ______________________.
(der Baumstumpf)

Sie sehen, wie eine kleine Maus hinter ______________________
(das Gebüsch)

verschwindet. Erleichtert machen es sich beide wieder

auf ______________________ gemütlich.
(der Boden)

Wohin? → Akkusativ (Wen-Fall)

Wo? → Dativ (Wem-Fall)

4 Was siehst du im Jugendzentrum?
Schreibe die richtigen Präpositionen in die Lücken.

Marco und Yasmin sind ________ Jugendzentrum. Marco sitzt __________ seiner Freundin Yasmin __________ dem Sofa. Ihre Taschen liegen __________ dem Tisch. Marcos Freund Yussuf lehnt __________ der Tür. Zwei Freundinnen von Yasmin stehen __________ dem Billardtisch und unterhalten sich. Ein Junge kommt __________ die Tür. Er hat eine Flasche und Gläser __________ der Hand. Einige Jugendliche sitzen __________ einer Musikanlage.

5 a) Kreise die Präpositionen ein.
b) Ergänze die Artikel im richtigen Fall.

Auf _______ Tisch liegen Zeitschriften. Ein Mädchen geht um _______ Tisch herum. Ein Junge steht zwischen _______ Tür und _______ Fenster und hört Musik. Er hat Kopfhörer auf _______ Kopf, hält eine CD in _______ Hand und tanzt. Die Mädchen, die hinter _______ Jungen sitzen, lachen.

Wohin? → Akkusativ (Wen-Fall)

Wo? → Dativ (Wem-Fall)

die Umstellprobe

Ranas Familie fährt in den Sommerferien zu den Verwandten nach Kroatien.
Ihre Familie bereitet den Urlaub vor.

Subjekt	Prädikat	Objekt
Ranas Oma	packt	mit ihrer Puppe.
Ranas Opa	putzt	seinen MP3-Player.
Ranas Mutter	schmiert	Brötchen.
Ranas Vater	hilft	seine Schuhe.
Ranas großer Bruder	sucht	der Oma.
Ranas kleine Schwester	spielt	ihren Koffer.

1 Bilde aus den Satzgliedern Sätze.
Schreibe sie in dein Heft.

Starthilfe
Ranas Oma packt ihren Koffer.

Ein Satz besteht aus Satzgliedern.
Ein Satzglied kann aus einem Wort oder aus mehreren Wörtern bestehen.

2 Kreise die Satzglieder in deinen Sätzen ein.

(Ranas Oma) (packt) (ihren Koffer).

Satzglieder kann man umstellen.
Die Wörter, die dabei zusammenbleiben, bilden ein Satzglied.
Das nennt man Umstellprobe.

3 a) Stelle die Satzglieder in jedem Satz einmal um.
b) Rahme die Satzglieder ein.

(Ranas Oma) (packt) (ihren Koffer).

(Jhren Koffer) (packt) (Ranas Oma).

Ranas Mutter schmiert Brötchen.

____

Ranas Vater sucht seine Schuhe.

____

4 a) Stelle alle Sätze wie im Beispiel zweimal um.
b) Kreise die Satzglieder ein.

(Die kleine Schwester) (klettert) (ins Auto).

(Ins Auto) (klettert) (die kleine Schwester).

(Klettert) (die kleine Schwester) (ins Auto)?

Ranas Oma sitzt im Auto.

Ranas Opa sucht seinen Koffer.

Ranas Bruder verabschiedet seine Freunde.

Ranas Vater putzt die Autoscheiben.

Ranas Mutter steht vor der Haustür.

die Ersatzprobe

1 a) Ersetze die Satzglieder durch andere Wörter oder Wortgruppen aus der Randspalte.
b) Kreise die Satzglieder ein.

Ranas Oma sucht die Pässe.

Ranas Mutter sucht die Pässe.

Ranas Oma findet die Pässe.

Ranas Oma sucht die kleine Schwester.

Ranas Mutter holt ihre Zeitschriften.

Ranas kleine Schwester holt ihre Buntstifte.

ABC

Ranas Oma
Laura
die Frau

findet
sieht
verliert

ihre Schuhe
die Zeitung
ein Buch

Satzglieder kann man auch durch die Ersatzprobe herausfinden. Dabei ersetzt du ein Satzglied durch ein anderes Wort oder eine Wortgruppe.

2 a) Finde die Satzglieder mit Hilfe der Umstellprobe oder mit der Ersatzprobe heraus. Schreibe in dein Heft.
b) Kreise die Satzglieder ein.

A) Paula und ihre Eltern fahren nach Italien.

B) Olli fährt zu seinem Bruder.

C) Mark bleibt zu Hause.

D) Jessica und ihre Schwester fahren zu ihren Großeltern.

E) Tom und Max fahren in ein Sommercamp.

das Auto, der Bruder, das Fenster, die Schwester

die Frageprobe

Wer hält an einer Raststätte?	Ranas Mutter geht zur Toilette.
Wer kauft eine Cola?	(Die Familie) hält an einer Raststätte.
Wer sucht die Brötchen?	Ranas Bruder sucht die Brötchen.
Wer geht zur Toilette?	Ranas Vater kauft eine Cola.

1. a) Verbinde die Fragen und die passenden Antworten mit einer Linie.
   b) Wonach wird mit der Frage wer? gefragt? Kreise das Satzglied ein.

Es gibt verschiedene Satzglieder. Um welches Satzglied es sich handelt, kannst du mit der Frageprobe herausfinden.

Mit wer? oder was? fragst du nach dem Subjekt.
→ Wer sucht unsere Pässe? – Mein Vater sucht unsere Pässe.
→ Was läuft im Radio? – Laute Musik läuft im Radio.

2. a) Verbinde die Fragen nach dem Subjekt mit den passenden Antworten.
   b) Wonach wird mit der Frage wer? oder was? gefragt? Kreise in jedem Satz das Subjekt ein.

Wer klopft an die Autotür?	Ranas Mutter öffnet das Fenster.
Was ist zu kalt?	Der Parkplatz ist sehr voll.
Was liegt im Kofferraum?	(Die Cola) ist zu kalt.
Wer ist ungeduldig?	Rana macht Gymnastik.
Was ist sehr voll?	Das Radio läuft die ganze Zeit.
Wer macht Gymnastik?	Ranas Oma ist ungeduldig.
Was läuft die ganze Zeit?	Die Tasche liegt im Kofferraum.
Wer öffnet das Fenster?	Ranas Schwester klopft an die Autotür.

die Frageprobe

A) Die Familie erreicht endlich ihr Ziel.

B) Ranas Mutter parkt das Auto vor dem Haus der Tante.

C) Ranas Schwester läuft sofort zu ihrer Cousine.

D) Die Cousine ist im letzten Jahr fast zehn Zentimeter gewachsen.

E) Ranas Opa holt die Geschenke aus dem Auto.

F) Ranas Vater trägt das Gepäck ins Haus.

G) Ranas Oma schläft im Auto.

H) Der kleine Bruder weckt die Oma.

I) Ihre Tante freut sich sehr.

3 a) Stelle zu jedem Satz eine Frage nach dem Subjekt. Schreibe sie in dein Heft.
b) Kreise in allen Sätzen das Subjekt ein.

Starthilfe
Wer erreicht endlich ihr Ziel?
(Die Familie) erreicht endlich ihr Ziel.

**Das Subjekt muss nicht immer am Anfang des Satzes stehen.
Es kann auch an einer anderen Stelle stehen.**

Extraportion

4 a) Finde das Subjekt mit der Frage wer? oder was? heraus.
b) Kreise das Subjekt ein.

Starthilfe
Wer packt sofort ihren Koffer aus?
(Rana) packt sofort ihren Koffer aus.

A) Im Haus packt (Rana) sofort ihren Koffer aus.

B) Schnell zieht sie eine kurze Hose und ein T-Shirt an.

C) Auch ihre kleine Schwester zieht sich um.

D) Abends kocht Ranas Oma ein tolles Abendessen.

E) Allen schmeckt das Essen sehr gut.

F) Nach dem Essen spielen Rana und ihre Cousine Karten.

G) Meistens gewinnt Ranas Cousine.

das Prädikat

die Eltern, das Essen, fahren, das Fahrrad, die Hose, legen, schwimmen

die Frageprobe

Was tut meine Mutter?	Der Wind bläst.
Was tun wir?	Mein Bruder joggt im Park.
Was tut mein Bruder?	Die Sonne blendet.
Was tut die Sonne?	Meine Mutter schwimmt im Meer.
Was tun meine Eltern?	Wir essen Pizza.
Was tut der Wind?	Meine Eltern fahren Fahrrad.

1 a) Verbinde die Fragen mit den passenden Antworten.
b) Nach welchem Satzglied wird mit den Fragen gefragt? Kreise es ein.

Das Prädikat sagt, was jemand tut oder was geschieht.
Prädikate sind immer Verben.
Nach dem Prädikat fragst du mit was tut? oder was geschieht?:
→ Was tut mein Bruder? – Er isst ein Brötchen.
→ Was tut meine Oma? – Sie schläft.

2 a) Stelle eine Frage nach dem Prädikat in jedem Satz. Schreibe die Frage in dein Heft.
b) Kreise in jedem Satz das Prädikat ein.

Starthilfe
Was tun Rana und ihre Cousine?

A) Rana und ihre Cousine holen ihre Badesachen.
B) Rana holt noch schnell die Sonnencreme.
C) Dann gehen sie an den Strand.
D) Rana und ihre Cousine legen ihre Handtücher in den Sand.
E) Danach gehen sie sofort ins Wasser.
F) Sie spielen erst ein bisschen mit dem Ball.
G) Dann schwimmen sie ein paar Minuten.
H) Danach liegen Rana und ihre Cousine in der Sonne.
I) Rana liest ein Buch.
J) Dann schläft sie.

die Frageprobe

Ein Prädikat kann auch aus mehreren Teilen bestehen.

Ihr Bruder ist sofort ins Wasser gegangen.

3 Suche mit Hilfe der Frageprobe alle Teile, die zum Prädikat gehören. Kreise sie ein.

A) Wir haben erst ein bisschen mit dem Ball gespielt.
B) Wir sind ein paar Minuten geschwommen.
C) Wir haben uns in die Sonne gelegt.
D) Ich habe ein Buch gelesen.
E) Dann habe ich geschlafen.

Fragen nach dem Prädikat
Was tut ...?
Was tun ...?
Was habe ich getan?
Was haben wir getan?

4 Kreise alle Teile ein, die zum Prädikat gehören.

A) Morgen möchte ich wieder an den Strand gehen.
B) Ich will dann wieder schwimmen.
C) Und ich möchte wieder Ball spielen.
D) Bestimmt darf ich morgen den MP3-Player von meiner Cousine ausleihen.
E) Dann kann ich auch Musik hören.
F) Zuerst holt Milan seinen Freund Alex ab.
G) Alex zieht seine Schuhe und seine Jacke an.
H) Dann gehen Milan und Alex los.
I) Nach einer halben Stunde kommen die Jungen am Basketballplatz an.

Extraportion

5 a) Suche mit Hilfe der Frageprobe die Subjekte in allen Sätzen. Unterstreiche sie.
b) Frage in allen Sätzen nach den Prädikaten und kreise sie ein.

Olli besucht seinen Bruder Max.
Max wohnt in München.
Er arbeitet dort als Koch.
Max liebt seinen Beruf. Er kann immer ausschlafen.
Denn er arbeitet nur nachmittags und abends.
Vormittags besichtigen Olli und Max München.
Sie gehen ins Museum und in den Englischen Garten.
Die beiden Brüder besichtigen auch den Marienplatz.
Nachmittags geht Max zur Arbeit.
Er fängt immer um 16:00 Uhr an.

das Objekt

das Akkusativobjekt

Das Sommercamp

Tom und Celina fahren in den Sommerferien in ein Sommercamp zur Berufsorientierung. Dort lernen sie **verschiedene Berufe** kennen. Sie können **mehrere Handwerksberufe** ausprobieren. Tom und Celina treffen im Sommercamp **viele andere Jugendliche**. Zuerst lernen Tom und Celina aber **ihren Betreuer** kennen. Er zeigt ihnen **ihre Zimmer**. Dann besichtigen sie **die Werkstätten**.

Ein weiteres Satzglied ist das Objekt.
Nach dem Akkusativobjekt fragst du mit wen? oder was?.

Wen besucht Tom? → Tom besucht Celina.
Was findet Celina? → Celina findet einen gemütlichen Platz.

1 a) Schreibe zu jeder Frage die passende Antwort auf. Schreibe in dein Heft.
b) Unterstreiche in deinen Antworten das Akkusativobjekt.

A) Was lernen sie dort kennen?
B) Was können sie ausprobieren?
C) Wen treffen Tom und Celina im Sommercamp?
D) Wen lernen Tom und Celina zuerst kennen?
E) Was zeigt er ihnen?
F) Was besichtigen sie dann?

A) Dort lernen sie verschiedene Berufe kennen.

2 a) Ordne den Fragen die passenden Antworten zu.
b) Unterstreiche in den Antworten die Akkusativobjekte.

Fragen	Antworten
Was lernen Tom und Celina kennen?	Tom und Celina verbessern ihre Mathenoten.
Was erweitern Tom und Celina?	In dem Sommercamp lernen Tom und Celina verschiedene Berufe kennen.
Was lesen Tom und Celina gemeinsam mit den anderen?	Tom und Celina erweitern ihre Computerkenntnisse.
Was machen Tom und Celina in ihrer Freizeit?	Gemeinsam mit den anderen lesen Tom und Celina einen spannenden Fantasy-Roman.
Was verbessern Tom und Celina?	In ihrer Freizeit machen Tom und Celina Sport.

das Akkusativobjekt

3 Schreibe zu jedem Satz eine Frage nach dem fett gedruckten Akkusativobjekt auf.
Frage mit wen? oder was?.

Tom und Celina lernen **die anderen Schüler** kennen.

→ *Wen lernen Tom und Celina kennen?*

Tom und Celina schauen sich **ihre Zimmer** an.

____

Sie treffen **ihren Betreuer**.

____

Tom packt **seinen Koffer** aus.

____

Celina ruft **ihre Eltern** an.

____

Tom schaut **den Computerraum** an.

____

Dann suchen die beiden **einen Getränkeautomaten**.

____

4 a) Suche in jedem der folgenden Sätze das Akkusativobjekt. Stelle dazu eine Frage mit wen? oder was?.
b) Unterstreiche das Akkusativobjekt.

Vor dem Kino treffen Marie und Romina zwei andere Mädchen.
Sie lesen zuerst das Kinoprogramm.
Dann kaufen sie ihre Eintrittskarten.
Romina verliert ihre Eintrittskarte.
Aber Marie findet die Karte.
So können die Mädchen doch den Film ansehen.
Marie findet den Film langweilig.
Aber Romina findet die Schauspieler ganz toll.

5 Ergänze die Akkusativobjekte.
Achtung: Nomen und ihre Begleiter können sich im Akkusativ verändern. Die Akkusativobjekte in der Randspalte helfen dir.

A) Jonas und Marvin suchen zuerst die Sporthalle.

B) Dann ziehen sie ______________ an.

C) Der Trainer begrüßt zuerst ______________.

D) Dann begrüßt der Trainer ______________.

E) Der Trainer fragt ______________ nach ihren Namen.

F) Jonas und Marvin mögen ______________ sehr gern.

G) Sie wollen ______________ nächste Woche wieder besuchen.

ABC

die Jugendlichen → **die Jugendlichen**

das Training → **das Training**

ihre Sportkleidung → **ihre Sportkleidung**

der Trainer → **den Trainer**

der Kurs → **den Kurs**

die Sporthalle → ~~**die Sporthalle**~~

die beiden Jungs → **die beiden Jungs**

Extraportion

6 Von den folgenden Sätzen haben nur manche ein Akkusativobjekt.
a) Stelle zu jedem Satz eine Frage mit wen? oder was?.
Achtung: Wenn du nicht mit wen? oder was? fragen kannst, enthält der Satz kein Akkusativobjekt.
b) In welchen Sätzen hast du ein Akkusativobjekt gefunden? Kreise alle Akkusativobjekte ein.

A) Tom liest eine Computerzeitschrift.
B) Mike geht ins Kino.
C) Marie ruft ihre Eltern an.
D) Romina hört Musik.
E) Jonas geht mit Marvin an den Strand.
F) Milan trifft Lea.
G) Katy findet den See.
H) Josi schaut dem Koch bei der Arbeit zu.
I) Sinan hilft dem Koch.
J) Natalja holt Stühle.
K) Justin deckt den Tisch.
L) Sara liest auf dem Sofa.
M) Marvin ruht sich in seinem Zimmer aus.

Starthilfe
Was liest Tom?
Tom liest eine Computerzeitschrift.

das Dativobjekt

1 a) Ordne den Fragen die passenden Antworten zu.
b) Nach welchem Satzglied wird gefragt?
Unterstreiche das Satzglied in den Antworten.

Wem wollen die Betreuer alles genau erklären?	Die Betreuer wollen den Jugendlichen alles genau erklären.
Wem sollen die Betreuer alle Fragen beantworten?	Alle müssen dem Betreuer zuhören.
Wem müssen alle zuhören?	Die Betreuer sollen den Jugendlichen alle Fragen beantworten.
Wem dürfen die Jugendlichen helfen?	Die Jugendlichen dürfen dem Betreuer helfen.

Außer dem Akkusativobjekt gibt es noch das Dativobjekt.
Nach dem Dativobjekt fragst du mit wem?.

Wem hilft Marvin? → Marvin hilft seinem Freund.

2 Schreibe zu jedem Satz eine Frage nach dem **fett gedruckten** Dativobjekt auf. Frage mit wem?.

Herr Arslan erklärt **den Jugendlichen**, wie man eine Bewerbung schreibt.

Wem erklärt Herr Arslan, wie man eine Bewerbung schreibt?

Das Bewerbungstraining gefällt **den Schülern**.

Carmen gibt **ihrem Freund Jonas** viele Tipps.

Herr Arslan hilft **Niklas**.

Niklas dankt **Herrn Arslan**.

3 Markiere in den Sätzen das Dativobjekt. Frage zuerst mit wem?.

Marvin hat zu seinem Geburtstag allen Jugendlichen eine Einladung gegeben.

Die Jugendlichen gratulieren Marvin.

Sie schenken Marvin Kinokarten.

Marvin dankt seinen Freunden.

Cosma gibt Marvin einen Filmtipp.

Der Film hat Cosma gefallen.

Marvin glaubt Cosma nicht.

Cosma zwinkert ihrer Freundin zu.

Marvin glaubt selten einem Mädchen.

4 Ergänze in dem Text die Dativobjekte.
Achtung: Nomen und ihre Begleiter können sich im Dativ verändern. Die Dativobjekte in der Randspalte helfen dir.

Der Koch schält Kartoffeln. Dilara möchte dem Koch helfen.

Also gibt der Koch ______________ ein Messer.

Er zeigt ______________, wie man richtig schneidet.

Nach einer Stunde ist das Essen fertig.

Es ist ______________ gut gelungen.

Das Essen schmeckt ______________ sehr gut.

Es gibt für jeden Jugendlichen zwei Portionen.

Das genügt ______________ aber nicht.

Sie erklären ______________, dass er nächstes Mal mehr kochen muss.

Die Mädchen glauben ______________ nicht, dass sie immer noch Hunger haben.

ABC

~~der Koch~~
~~→ **dem Koch**~~

die Schülerin
→ **der Schülerin**

die Jungen
→ **den Jungen**

der Koch
→ **dem Koch**

die Jugendlichen
→ **den Jugendlichen**

das Mädchen
→ **dem Mädchen**

die beiden
→ **den beiden**

die Schüler
→ **den Schülern**

vertiefende Übungen

Laura erzählt:
„Ich finde **die anderen Jugendlichen** hier sehr nett.
Ich mag auch **meinen Betreuer** sehr gern.
Er hilft **mir** sehr oft. Ich finde auch **die Sportkurse** gut.
Den Computerkurs finde ich aber sehr anstrengend.
Meistens hilft der Computerlehrer **uns** nicht."
Katy erzählt:
„Gestern hatte ich **einen schlechten Tag**.
Irgendjemand hat **mein Handy** gestohlen.
Wir haben **den Betreuer** gefragt, was wir tun sollen.
Er hat **die Polizei** angerufen.
Die Polizei konnte **uns** aber auch nicht helfen."

1 Handelt es sich bei den fett gedruckten Satzgliedern um Akkusativobjekte oder um Dativobjekte?
a) Stelle zu jedem **fett gedruckten Satzglied** eine Frage. Schreibe sie in dein Heft.
b) Unterstreiche die Akkusativobjekte gelb und die Dativobjekte blau.

Starthilfe
Wen findet Laura sehr nett? → die anderen Jugendlichen

2 a) Suche in dem folgenden Text alle Akkusativobjekte und alle Dativobjekte. Nutze die Frageprobe.
b) Unterstreiche die Akkusativobjekte gelb und die Dativobjekte blau.

In den Sommerferien besuchen 30 Jugendliche einen Computerkurs.
Sie wollen dort neue Programme kennen lernen.
Viele Jugendliche verbessern ihre Computerkenntnisse.
Sie schreiben auch Bewerbungen auf dem Computer.
Nur wenige Jugendliche mögen den Unterricht nicht.
Die meisten hören dem Lehrer gerne zu.
Fast alle Jugendlichen lernen im Kurs neue Freunde kennen.
Zu Hause zeigen sie ihren Eltern stolz ihre Ergebnisse.

Extraportion

3 Die Jugendlichen im Feriencamp befragen sich gegenseitig.
a) Verfasse einen Fragebogen. Beginne alle Fragen mit den Fragewörtern wen?, was? oder wem?.
b) Lass die Fragen von jemand anderem beantworten.
c) Unterstreiche in den Antworten die Akkusativobjekte gelb und die Dativobjekte blau.

links, rechts, das Haus, die Polizei, der See, der Unterricht, der Weg

die adverbiale Bestimmung des Ortes

Der Weg zum Jugendzentrum

Bülent beschreibt seinen Besuchern den Weg zum Jugendzentrum:
Wenn ihr **aus dem Haus** kommt, biegt ihr **rechts** ab. Lauft **die Bergstraße** entlang.
Kurz darauf kommt ihr **an eine Kreuzung**.
Biegt **in die Lessingstraße** ein.
Lauft immer **bis zum Park**.
Auf der linken Seite ist ein kleiner See.
Rechts steht eine große Eiche.
Hinter der Eiche beginnt ein kleiner Weg.
Ihr geht immer **geradeaus**.
Der Weg endet direkt **vor dem Jugendzentrum**.

1. Lies die Wegbeschreibung.

2. Fahre mit einem Stift den Weg auf der Karte nach und beschrifte die Karte.

Die adverbialen Bestimmungen des Ortes sind Satzglieder, die Antwort auf die Fragen wo?, woher? oder wohin? geben.

Wo ist das Jugendzentrum? → Es ist in der Müllerstraße.
Wohin geht ihr heute? → Wir gehen in das Jugendzentrum.

3. a) Schreibe zu jeder Frage die passende Antwort aus dem Text auf. Schreibe in dein Heft.
   b) Unterstreiche in deinen Antworten die adverbialen Bestimmungen des Ortes.

A) Woher kommt ihr? → *Ihr kommt aus dem Haus.*
B) Wohin biegt ihr ab?
C) Wo lauft ihr entlang?
D) Wohin kommt ihr kurz darauf?
E) Wo biegt ihr ein?
F) Wohin lauft ihr?
G) Wo ist ein kleiner See?
H) Wo steht eine große Eiche?
I) Wo beginnt ein kleiner Weg?
J) Wohin geht ihr immer?
K) Wo endet der Weg?

die adverbiale Bestimmung der Zeit

Die Reise

Nächste Woche fährt Soraya mit ihren Freundinnen in ein Sommercamp an den Bodensee. Sie wollen dort **zehn Tage** bleiben. Schon **vor einem Monat** haben sie sich das Camp auf einem Zeltplatz am See ausgesucht.
Sorayas Bruder war **letzten Sommer** dort. **Am Sonntag** treffen sie sich, um alles vorzubereiten. Der Zug fährt schon **um 7:00 Uhr morgens** ab. Sie werden **fünf Stunden** unterwegs sein. Aber das ist ihnen egal. Sie freuen sich schon **seit Wochen** auf ihre erste Reise ohne Eltern.

Die adverbialen Bestimmungen der Zeit sind Satzglieder, die Antwort auf die Fragen wann?, wie lange? oder seit wann? geben.

Wann kommen sie am Bodensee an? → Sie kommen um 12:00 Uhr an.

1 a) Schreibe zu jeder Frage die passende Antwort aus dem Text auf. Schreibe in dein Heft.
b) Unterstreiche in deinen Antworten die adverbialen Bestimmungen der Zeit.

A) Wann fährt Soraya mit ihren Freundinnen an den Bodensee?
B) Wie lange wollen sie dort bleiben?
C) Wann haben sie sich das Camp ausgesucht?
D) Wann war Sorayas Bruder dort?
E) Wann treffen sie sich, um alles vorzubereiten?
F) Wann fährt der Zug ab?
G) Wie lange werden sie unterwegs sein?
H) Seit wann freuen sie sich auf die erste Reise ohne Eltern?

A) → Sie fährt nächste Woche an den Bodensee.

2 Setze die passenden adverbialen Bestimmungen der Zeit in die Lücken.

ABC
ein paar Stunden
um fünf Uhr
seit 6:30 Uhr
eine halbe Stunde

Endlich geht es los. Soraya ist schon ____________ (wie lange?) wach. Sie konnte nur ____________ (wie lange?) schlafen – sie war einfach zu aufgeregt. Die Mädchen treffen sich ____________ (wann?) am Bahnsteig. Aber wo bleibt der Zug? Oh nein, er hat ____________ (wie lange?) Verspätung.

die adverbiale Bestimmung des Grundes

Soraya konnte **vor Aufregung** kaum schlafen. **Aus Angst zu verschlafen** hatte sie sich drei Wecker gestellt. **Um pünktlich zu sein,** frühstückte sie nicht. **Damit sie unterwegs essen konnte**, gab ihr ihre Mutter eine ganze Tasche mit Brötchen, Obst und Süßigkeiten mit.

Die adverbialen Bestimmungen des Grundes sind Satzglieder, die Antwort auf die Fragen weshalb? oder warum? geben.

Warum kann Soraya nicht schlafen? → Soraya kann vor Aufregung nicht schlafen.

1 a) Schreibe zu jeder Frage die passende Antwort aus dem Text auf. Schreibe in dein Heft.
b) Unterstreiche in deinen Antworten die adverbialen Bestimmungen des Grundes.

A) Warum konnte Soraya kaum schlafen?
B) Warum hatte sie drei Wecker gestellt?
C) Warum frühstückte sie nicht?
D) Warum gab ihr ihre Mutter eine ganze Tasche mit Brötchen, Obst und Süßigkeiten mit?

A) → Sie konnte vor Aufregung kaum schlafen.

2 Setze in die Lücken immer eine passende adverbiale Bestimmung des Grundes ein.

ABC
- vor Aufregung
- wegen der vielen Süßigkeiten
- als Dankeschön
- wegen der langen Fahrt
- wegen einer guten Idee
- vor Freude

Abends sind die Mädchen ______________________ (warum?) sehr müde.

Ihnen ist ______________________ (warum?) ein wenig schlecht.

Aber sie können ______________________ (warum?) nicht einschlafen.

Sie kichern ______________________ (warum?): Ein paar nette Jungen haben sie morgen zum Grillen eingeladen. Sie wollen den Jungen

______________________ (warum?) irgendetwas mitbringen.

Sie rufen ______________________ (warum?) Sorayas Bruder an.

die adverbiale Bestimmung der Art und Weise

Unheimlich

Tim geht abends **alleine** nach Hause. Er ist **sehr ängstlich**, weil er Schritte hinter sich hört. Er geht **schnell** weiter. Die Straße ist **dunkel**. Der Mond ist **bedeckt**. **Blitzschnell** dreht er sich um. Er lacht **erleichtert**. Sein Nachbar ist auch auf dem Heimweg.

Die adverbialen Bestimmungen der Art und Weise sind Satzglieder, die Antwort auf die Frage wie? geben.

1 a) Schreibe zu jeder Frage die passende Antwort aus dem Text auf. Schreibe in dein Heft.
b) Unterstreiche in deinen Antworten die adverbialen Bestimmungen der Art und Weise.

A) Wie geht Tim nach Hause?
B) Wie ist Tim?
C) Wie geht er weiter?
D) Wie ist die Straße?
E) Wie ist der Mond?
F) Wie dreht er sich um?
G) Wie lacht er?

A) → Er geht alleine nach Hause.

2 Setze passende adverbiale Bestimmungen der Art und Weise in den Text ein.

ABC
leise
sauer
schnell
vorsichtig
geschickt
erschrocken
ängstlich
sofort
verschlafen

Tim möchte ____________ (wie?) die Wohnung aufschließen.
Er schaut ____________ (wie?) auf das Schloss. Es wurde
____________ (wie?) aufgebrochen. Tim klingelt ____________ (wie?)
bei seiner Nachbarin. Diese ruft ____________ (wie?) die Polizei.
Aber plötzlich kommt Tims Bruder ____________ (wie?) aus seinem
Zimmer. Er hat die Tür ____________ (wie?) aufgebrochen, weil er
seinen Schlüssel vergessen hatte. Tim ist ____________ (wie?) auf
seinen Bruder, weil der ihm so einen Schreck eingejagt hat.

vertiefende Übungen

1 a) Wie musst du nach den fett gedruckten Wörtern fragen? Schreibe die Fragen auf.
b) Kreise die Fragewörter ein.

Gestern hat sich Orhan verletzt.

Wann hat sich Orhan verletzt?

Hakan flüstert **verschwörerisch**.

Wie flüstert ...

Wir hatten heute **draußen** Sportunterricht.

Gestern Abend waren wir im Kino.

Im Sommer waren wir **an der Ostsee**.

Wegen des Unwetters wurde das Konzert abgesagt.

Ich gehe **ins Schwimmbad**.

Coskun muss **am Nachmittag** Hausaufgaben machen.

Ich habe meine Freundin **vor Freude** umarmt.

Anna ging **schnell** zum Bus.

vertiefende Übungen

2 Ordne die adverbialen Bestimmungen aus dem Kasten richtig in die Tabelle ein.

zu Hause | hastig | aufgrund der guten Noten | gestern

wegen meiner Katze | im Park | voriges Jahr | am Strand

auf dem Fußballplatz | weil ich lernen muss | seit einem Monat

wegen des Staus | gerne | vor Wut | wegen meiner Oma

in den Ferien | morgen | letzte Woche | schnell | schreiend

die adverbiale Bestimmung des Ortes (wo?/wohin?)	zu Hause,
die adverbiale Bestimmung der Zeit (wann?/wie lange?)	
die adverbiale Bestimmung des Grundes (warum?/weshalb?)	
die adverbiale Bestimmung der Art und Weise (wie?)	

3 a) Wähle drei adverbiale Bestimmungen aus und formuliere zu jeder einen Satz.
b) Markiere[1] die adverbialen Bestimmungen in deinen Sätzen.

Starthilfe
Er stampfte vor Wut auf.

1 markieren: etwas hervorheben, zum Beispiel mit einem Stift unterstreichen

Haupt- und Nebensätze

der Hauptsatz

Die Klassenfahrt

Die Klasse 8c macht eine Klassenfahrt.
Alle Schüler fahren nach Berlin.
Die Lehrer begleiten die Schüler.
Sie reisen mit dem Bus.
Alle schlafen in einem Jugendhotel.
Sie bleiben fünf Tage in Berlin.
Es gefällt allen.

Ein Hauptsatz ist ein Satz, der allein stehen kann.
In einem Hauptsatz steht das finite Verb an zweiter Satzgliedstelle.

→ **Jan fährt nach Berlin.**

→ **Jan möchte nach Berlin fahren.**

Das finite Verb ist das Verb in einem Satz, das sich verändert:
gehen →
Tom geht zur Schule.

1 Markiere[1] in jedem Hauptsatz des Textes das finite Verb.

2 Bilde selbst mindestens 4 Hauptsätze aus den Satzgliedern. Schreibe die Sätze auf.

Das Jugendhotel In jedem Zimmer In dem Aufenthaltsraum In einem Zimmer	liegt hat steht stehen schlafen liegen	einen Speisesaal und 80 Zimmer. ein Schreibtisch. fünf Computer. in der Nähe einer U-Bahn-Station. vier Schüler. Bettwäsche und Handtücher.

1 markieren: etwas hervorheben, zum Beispiel mit einem Stift unterstreichen

der Hauptsatz

Im Jugendhotel gibt es Frühstück und es gibt dort auch Abendessen.
Wir frühstücken meistens nur im Hotel, denn abends sind wir oft unterwegs.
Es gibt viele Viererzimmer, aber es gibt auch Einzelzimmer für unsere Lehrer.
Wir machen eine Stadtrundfahrt mit dem Bus oder wir machen eine Schifffahrt.
Wir besuchen nicht den Deutschen Dom, sondern wir besichtigen den Reichstag.
Herr König plant einen Spieleabend, doch wir wollen lieber in einen Jugendclub.

Hauptsätze kannst du miteinander verbinden.
Dafür verwendest du Konjunktionen. Wichtige Hauptsatzkonjunktionen sind und, oder, doch, aber, sondern und denn.

Vor den Konjunktionen steht ein Komma. Eine Ausnahme sind die Konjunktionen und und oder: Hier musst du kein Komma setzen.

3 a) Unterstreiche die finiten Verben im Text.
b) Kreise die Konjunktionen ein.

4 Verbinde die Hauptsätze mit den Konjunktionen in Klammern. Schreibe die Sätze auf.

A) Der Lehrer hat keinen Stadtplan. Nino hat einen Stadtplan. **(aber)**

Der Lehrer hat keinen Stadtplan, aber Nino hat einen Stadtplan.

B) In den Zimmern gibt es keinen Fernseher. Es gibt kein Radio. **(und)**

C) In jedem Zimmer gibt es eine Dusche.
In jedem Zimmer liegen vier Handtücher. **(und)**

D) Zum Frühstück können die Jugendlichen Müsli essen.
Sie können sich Brote schmieren. **(oder)**

E) In dem Hotel gibt es Computer. Es gibt keinen Fernsehraum. **(aber)**

der Nebensatz

Ich möchte nach Berlin fahren, obwohl ich schon dort war.

Wir möchten nach Berlin fahren, weil es da einen tollen Jugendclub gibt.

Ich möchte nach Berlin fahren, damit ich den Reichstag sehen kann.

Nebensätze ergänzen Hauptsätze.
In einem Nebensatz steht das finite Verb am Ende.
Wichtige Nebensatzkonjunktionen sind: weil, damit und obwohl.

Arzu fährt nach Berlin, weil sie die Stadt interessant findet.

Das finite Verb ist das Verb in einem Satz, das sich verändert: singen → ..., weil Jana gerne singt.

1 a) Unterstreiche in den Aussagen das finite Verb im Hauptsatz und das finite Verb im Nebensatz.
b) Kreise die Konjunktionen ein.

2 a) Verbinde die Hauptsätze mit den passenden Nebensätzen. Schreibe sie in dein Heft.
b) Kreise die Konjunktionen ein.
c) Unterstreiche die finiten Verben im Hauptsatz und im Nebensatz.

Hauptsatz und Nebensatz sind durch ein Komma voneinander getrennt.

Hauptsätze	Nebensätze
Die Klasse 8c fährt nach Berlin,	damit nichts schiefgeht.
Die Schüler und die Lehrer fahren mit dem Bus,	weil die Schüler diese Stadt interessant finden.
Sie sind erst spät in Berlin,	damit sie noch bei Helligkeit ankommen.
Die Lehrer planen die Reise gründlich,	obwohl nicht alle gern Bus fahren.
Sie fahren frühmorgens los,	weil auf der Autobahn Stau ist.
Die Klassenfahrt dauert nur fünf Tage,	damit alle am Wochenende wieder zu Hause sind.

Die Klasse 8c fährt nach Berlin, weil die Schüler diese Stadt interessant finden.

der Nebensatz

Nebensätze können vor oder nach dem Hauptsatz stehen.

Wir gehen in ein Museum, weil das Wetter schlecht ist.
Weil das Wetter schlecht ist, gehen wir in ein Museum.

3 a) Kreise die Konjunktionen ein, die die Nebensätze einleiten.
b) Unterstreiche die Nebensätze.

A) Weil die Sonne scheint, macht die Klasse 8c eine Schifffahrt.
B) Paula bleibt heute im Hotel, weil ihr schlecht ist.
C) Der Lehrer gibt den Schülern seine Handynummer, damit sie ihn jederzeit anrufen können.
D) Milan fährt mit, obwohl er krank ist.
E) Weil ihr MP3-Player gestohlen wurde, hat Mia schlechte Laune.
F) Obwohl Mia schlechte Laune hat, geht sie mit ins Museum.

4 a) Verbinde die beiden Sätze. Forme dazu den 2. Satz in einen Nebensatz um. Leite ihn mit der Konjunktion in Klammern ein.
b) Unterstreiche die finiten Verben im Hauptsatz und im Nebensatz.

A) Wir machen eine Schifffahrt. Das Wetter ist gut. **(weil)**

Wir machen eine Schifffahrt, weil das Wetter gut ist.

B) Wir besichtigen den Reichstag.
Die Warteschlange ist nicht zu lang. **(wenn)**

C) Wir fahren schon morgens zum Brandenburger Tor.
Es ist noch nicht so viel los. **(weil)**

D) Wir bekommen einen Stadtplan.
Wir verlaufen uns nicht. **(damit)**

Nebensätze mit dass

David wünscht sich,	dass sie ihre Noten verbessern wird.
Milena glaubt,	dass sie keine Zeit mehr für die Basketball-AG haben wird.
Robbie und Sina sagen dem Informatiklehrer,	dass er im nächsten Jahr bessere Mathenoten bekommt.
Daria erklärt dem Sportlehrer,	dass er im nächsten Schuljahr neben Riccardo sitzen darf.
Mavi denkt,	dass sie in der Computer-AG mitmachen wollen.
Die Lehrerin hofft,	dass im nächsten Jahr alle Schüler gute Noten bekommen.

1 a) Verbinde die Hauptsätze mit passenden Nebensätzen.
b) Schreibe die Sätze in dein Heft. Achte auf die Kommasetzung.

Nach den Verben sagen, meinen, denken, glauben, hoffen, wünschen und wissen steht oft ein Nebensatz, der mit der Konjunktion dass eingeleitet wird. Vor dem dass steht immer ein Komma.

Ich hoffe, dass wir in den nächsten Ferien wegfahren.

2 Schreibe die Sätze wie im Beispiel in dein Heft.
Achtung: Vergiss das Komma vor dem dass-Satz nicht.

A) Dilara glaubt: Das Wetter wird gut.
B) Erkan sagt: Er fährt zu seinem Opa.
C) Laura denkt: Sie macht einen Tanzkurs.
D) Emilio erklärt: Er fährt zu seiner Oma nach Italien.
E) Ivo behauptet: Er wird Mathe lernen.
F) Tim hofft: Er geht Skateboard fahren.
G) Fatma wünscht sich: Ihre Cousine kommt.
H) Simon hofft: Er geht zu einem Konzert seiner Lieblingsband.
I) Lara glaubt: Ihre Freundin kommt zu Besuch.
J) Michelle denkt: Sie fährt nächstes Jahr wieder weg.
K) Robin weiß: Auf dem Campingplatz gibt es einen Swimmingpool.
L) Lina sagt: Sie findet Ferien langweilig.

A) Dilara glaubt, dass das Wetter gut wird.
B) Erkan sagt, dass er ...

Nebensätze mit dass

3 a) Schreibe dass-Sätze.
b) Unterstreiche das finite Verb im Hauptsatz und im Nebensatz (dass-Satz).

Herr Busch verspricht: Er wird die Hausaufgaben schneller korrigieren.

Herr Busch verspricht, dass er die Hausaufgaben schneller korrigieren wird.

Frau Noce sagt: Sie zeigt im Englischunterricht mehr Filme.

Herr Müller verspricht: Er hilft Darius öfter bei den Aufgaben.

Herr Bugaj erklärt: Er bleibt der Klassenlehrer der Klasse 8c.

Herr Hummert sagt: Die Schüler bekommen weniger Hausaufgaben.

Frau Padera will: Die Schüler sind immer pünktlich.

4 Was wünschst du dir für das nächste Jahr? Schreibe mindestens fünf Sätze in dein Heft. Tipp: Die Ideen in der Randspalte helfen dir.

Ich wünsche mir, dass ...

ABC

- bessere Noten bekommen
- weniger Hausaufgaben haben
- mehr Sportunterricht haben
- in den Sommerferien wegfahren
- in den Herbstferien einen Computerkurs besuchen

der Relativsatz

Berlin

Berlin ist eine Stadt, die zwei Zoos hat.

Der Tierpark ist der Zoo, der im Osten der Stadt liegt.

Das Elefantentor ist das Tor, das am Eingang des Berliner Zoos steht.

Das Brandenburger Tor ist ein Bauwerk, das in der ganzen Welt bekannt ist.

Der Fernsehturm, der am Alexanderplatz steht, ist 368 Meter hoch.

Relativsätze sind Nebensätze, die ein Nomen im Hauptsatz genauer beschreiben.
Relativsätze werden meist durch der, die oder das eingeleitet.
Diese Wörter heißen Relativpronomen.

Die Klasse 8c fährt mit einem Bus, der 50 Sitzplätze hat.
Die Lehrerin, die Berlin als Reiseziel vorschlägt, kommt aus Berlin.

1. a) Kreise in den Sätzen die Relativpronomen ein.
   b) Unterstreiche die Relativsätze.
   c) Unterstreiche mit einer anderen Farbe das Nomen + Artikel im Hauptsatz, das mit dem Relativsatz genauer beschrieben wird.

2. Die Schüler besuchen den Zoo.
   a) Schreibe die passenden Relativpronomen in die Lücken.
   b) Unterstreiche die Relativsätze.

Am Eingang sitzt ein Mann, _der_ die Eintrittskarten verkauft.

Die Schüler sehen einen Elefanten, ________ schon 60 Jahre alt ist.

Die Schüler beobachten einen Eisbären, ________ auf einem Felsen sitzt. Die Schüler entdecken eine Giraffe, ________ Blätter von einem Baum frisst. Die Schüler sehen mehrere Affen, ________ miteinander spielen. Sie entdecken ein Känguru, ________ sehr schnell hüpft.

Sie betrachten Schlangen, ________ in einem Korb liegen.

Die Schüler besichtigen Kamele, ________ schlafen.

Relativpronomen sind der, die oder das.
Sie richten sich nach dem Geschlecht des Nomens im Hauptsatz, das genauer beschrieben wird.
→ der Elefant
→ Sie sehen einen Elefanten, der schon 60 Jahre alt ist.

der Relativsatz

3 a) Verbinde die beiden Sätze. Forme den 2. Satz in einen Relativsatz um.
b) Kreise das Relativpronomen ein und unterstreiche den Relativsatz.

A) Tim hat einen Affen fotografiert. Der Affe ist ganz klein.
B) Musa hat einen Bären entdeckt. Der Bär schläft.
C) Henry hat einen Löwen beobachtet. Der Löwe brüllt.
D) Melissa hat ein Zebra gesehen. Das Zebra rennt durch das Gehege.
E) David hat einen Tiger gefilmt. Der Tiger jagt einen anderen Tiger.

A) *Tim hat einen Affen fotografiert, der ganz klein ist.*

B) ____________________

C) ____________________

D) ____________________

E) ____________________

Das Relativpronomen richtet sich in Zahl, Geschlecht und Fall (Nominativ, Dativ, Akkusativ) nach dem Nomen im Hauptsatz, das durch den Relativsatz genauer beschrieben wird.

Der Hund, den wir füttern, gehört Frau Simon. (Akkusativ)
Der Junge, dem der Ball gehört, heißt Sinan. (Dativ)

4 a) Kreise in dem Text die Relativpronomen im Akkusativ ein.
b) Unterstreiche die Relativsätze.
c) Unterstreiche mit einer anderen Farbe das Nomen im Hauptsatz, das mit dem Relativsatz genauer beschrieben wird.

Im Berliner Museum für Naturkunde
Der Stein, den wir hier sehen, ist ein Granat.
Granate sind Steine, die manche Leute auch als Schmuck benutzen.
Das ist der Saurier, den Forscher in Afrika gefunden haben.
Der Abdruck, den wir dort sehen, stammt von einem Vogel.
Dieser Abdruck, den man 1876 gefunden hat, ist sehr wertvoll.
Hier seht ihr ein Skelett von einer Frau, die man Lucy nennt.
Dieses Skelett, das Forscher 1974 in Afrika gefunden haben, ist etwa 3 Millionen Jahre alt.

Im Akkusativ ändert das Relativpronomen der seine Form: der → den.

5 a) Schreibe die Relativpronomen im Akkusativ in die Lücken.
b) Unterstreiche das Nomen + Artikel im Hauptsatz, das mit dem Relativsatz genauer beschrieben wird.

A) Das Skelett, das Forscher 1974 in Afrika gefunden haben, ist ungefähr 1,10 Meter groß.

B) Die Steine, ________ ein Forscher in Russland gefunden hat, sind sehr wertvoll.

C) Der Gorilla, ________ man im Museum sehen kann, heißt Bobby.

D) Der Mann, ________ wir hier sehen, ist der Biologe Charles Darwin.

E) Die Korallen, ________ wir hier sehen, sind heute ausgestorben.

F) Das Pferd, ________ man im Museum für Naturkunde sehen kann, ist ein Wildpferd.

ABC
~~das~~
die
den
den
die
das

Extraportion

6 a) Verbinde die beiden Sätze wie im Beispiel. Schreibe sie auf.
b) Kreise die Relativpronomen im Akkusativ ein.
c) Unterstreiche die Relativsätze.

A) Der Affe ist ein Gorilla. Den Affen nennt man Bobby.

Der Affe, den man Bobby nennt, ist ein Gorilla.

B) Das Dinosaurierskelett ist sehr berühmt.
Das Dinosaurierskelett kann man im Museum sehen.

____

____

C) Der Stein ist ein Granat. Den Stein finde ich schön.

____

____

der Relativsatz

7 a) Kreise in den Relativsätzen die Relativpronomen im Dativ ein.
b) Unterstreiche die Relativsätze.
c) Unterstreiche mit einer anderen Farbe das Nomen + Artikel im Hauptsatz, auf das sich der Relativsatz bezieht.

Im Dativ ändern die Relativpronomen ihre Form:
der → dem,
die → der,
das → dem.

8 a) Schreibe die Relativpronomen im Dativ in die Lücken.
b) Unterstreiche das Nomen + Artikel im Hauptsatz, das der Relativsatz genauer beschreibt.

A) Haben Sie den Schüler gesehen, dem ich die Steinsammlung erklärt haben?

B) Haben Sie die Schülerin gesehen, ______ ich das Wildpferd gezeigt habe?

C) Haben Sie den Jungen beobachtet, ______ Sie die Geschichte vom Affen Bobby erzählt haben?

D) Haben Sie die Lehrerin vergessen, ______ Sie Lucy gezeigt haben?

ABC
~~dem~~
der
dem
der

die Freundin, der Junge,
das Mädchen, der Streit

Wenn zu einem Relativpronomen eine Präposition gehört, steht sie vor dem Relativpronomen.

9 a) Unterstreiche in den Aussagen die Relativsätze.
b) Kreise das Relativpronomen + Präposition ein.
c) Unterstreiche mit einer anderen Farbe im Hauptsatz das Nomen, auf das sich der Relativsatz bezieht.

10 a) Verbinde die beiden Sätze wie im Beispiel.
Schreibe in dein Heft.
Achtung: Die Relativpronomen stehen hier im Akkusativ.
b) Kreise das Relativpronomen + Präposition ein.
c) Unterstreiche im Hauptsatz das Nomen, auf das sich der Relativsatz bezieht.

A) Der Junge heißt Mavi. Ich denke an den Jungen.
B) Das Mädchen heißt Nil. Ich interessiere mich für das Mädchen.
C) Der Junge heißt Lukas. Ich habe mich über den Jungen geärgert.
D) Das Mädchen heißt Marlene. Ich habe mich um das Mädchen gekümmert.
E) Der Junge heißt Alex. Ich musste über den Jungen lachen.

A) Der Junge, an den ich denke, heißt Mavi.

an jemanden denken → Akkusativ

sich für jemanden interessieren → Akkusativ

sich über jemanden ärgern → Akkusativ

sich um jemanden kümmern → Akkusativ

über jemanden lachen → Akkusativ

der Relativsatz

11 a) Schreibe die Sätze in dein Heft und unterstreiche die Relativsätze.
b) Kreise das Relativpronomen + Präposition ein.
c) Unterstreiche mit einer anderen Farbe das Nomen + Artikel im Hauptsatz, auf das sich der Relativsatz bezieht.

A) Das Mädchen, neben dem ich saß, hat blonde Haare.
B) Der Junge, von dem ich diese Mütze bekommen habe, hat dunkle Augen.
C) Die Jungen, mit denen ich Fußball gespielt habe, waren älter als ich.
D) Die Schülerin, von der ich meinen neuen Klingelton bekommen habe, hat eine Zwillingsschwester.
E) Der Junge, zu dem ich mich gesetzt habe, kommt auch aus der Türkei.
F) Der Junge, mit dem ich telefoniert habe, liest auch gern Comics.

12 a) Verbinde die beiden Sätze wie im Beispiel. Schreibe in dein Heft. Achtung: Das Relativpronomen steht nach diesen Präpositionen im Dativ.
b) Kreise das Relativpronomen + Präposition ein.
c) Unterstreiche im Hauptsatz das Nomen + Artikel, auf das sich der Relativsatz bezieht.

A) Das Mädchen heißt Mira. Ich saß neben dem Mädchen.
B) Der Junge heißt Paul. Ich habe von dem Jungen die Mütze bekommen.
C) Der Schüler heißt Bülent. Ich habe mit dem Schüler Fußball gespielt.
D) Die Schülerin heißt Marie. Ich habe von der Schülerin meinen neuen Klingelton bekommen.
E) Der Junge heißt Yulek. Ich habe mich zu dem Jungen gesetzt.
F) Der Junge heißt Janosch. Ich habe mit dem Jungen telefoniert.

A) Das Mädchen, neben dem ich saß, heißt Mira.

neben jemandem sitzen → Dativ

von jemandem etwas bekommen → Dativ

mit jemandem spielen → Dativ

etwas von jemandem bekommen → Dativ

sich zu jemandem setzen → Dativ

mit jemandem telefonieren → Dativ

vertiefende Übungen

1 Schreibe die passenden Relativpronomen in die Lücken.
Achtung: Die Relativpronomen können im Nominativ, im Akkusativ oder im Dativ stehen.

Das Frühstück

A) Der Quark, *der* hier steht, ist von Jan.

B) Das Brot, ________ mir am besten schmeckt, hat Lukas mitgebracht.

C) Wo ist die Marmelade, ________ eben noch hier stand?

D) Das ist der Lehrer, _____________ ich den Salat gemacht habe.

E) Wer hat das Messer, _____________ ich das Brot schneiden kann?

F) Ich suche den Käse, ________ mir so gut schmeckt.

G) Der Quark, ________ ich gerade gegessen habe, schmeckt sehr gut.

ABC
- für den
- das
- ~~der~~
- mit dem
- den
- der
- die

2 a) Verbinde die Sätze wie im Beispiel. Schreibe in dein Heft.
b) Kreise das Relativpronomen ein und unterstreiche das Nomen + Artikel im Hauptsatz, auf das sich der Relativsatz bezieht.

A) Der Quark schmeckt sehr gut. Du hast den Quark mitgebracht.
B) Die Kanne ist leer. Die Kanne steht auf dem Tisch.
C) Die Butter ist verschwunden. Die Butter hatte ich gekauft.
D) Der Käse liegt neben dem Brot. Den Käse habe ich gesucht.

A) Der Quark, (den du) mitgebracht hast, schmeckt sehr gut.

3 a) Verbinde die Sätze. Schreibe in dein Heft.
b) Kreise das Relativpronomen + Präposition ein.

A) Das Messer ist schmutzig.
Mit dem Messer habe ich das Brot geschnitten.
B) Der Bäcker ist in der Schillerstraße.
Bei dem Bäcker habe ich das Brot gekauft.
C) Das Auto gehört Erkans Vater.
Mit dem Auto hat sie die Getränke transportiert.

Starthilfe
Das Messer, (mit dem) …

die Verben

Teste dich: Kannst du Verben im Satz richtig verwenden?

1 a) Kreise alle Verben ein.
b) Bilde aus den Wortgruppen Sätze.
Achte auf die Stellung des Verbs.
c) Unterstreiche die Verben in deinen Sätzen.

/18

liest	Sina	gerne	Comics
Tim	lieber	Musik	hört
Xenia	trifft	Stefan	ihren Freund
spielt	Robin	Basketball	
für einen Boxkampf	Kevin	trainiert	
seine Oma	Alex	besucht	

____

____

____

____

____

____

2 Trage die Verben in Klammern in der richtigen Form in die Lücken ein.

/5

A) Bülent ______________ (sprechen) nicht mehr mit Simon.

B) Cedric ______________ (gehen) heute schwimmen.

C) Maja ______________ (treffen) sich morgen mit Yannik.

D) Kim ______________ (fahren) mit dem Bus zur Schule.

E) Angelina ______________ (machen) ein Praktikum im Kindergarten.

Gesamt: /23

die Zeitformen der Verben

Teste dich: Kannst du die Zeitformen der Verben richtig bilden?

1 haben oder sein?
Ergänze die richtigen Verbformen im Perfekt. /10

Letztes Wochenende ____________ Azad und Bülent ins Jugendzentrum

______________________ (gehen). Dort ___________ sie Billard _________________ (spielen).

Ihre Freunde ____________ sie auch dort ______________________ (treffen).

Bis zum Abend ____________ sie alle ______________________ (bleiben) und

____________ dort auch ______________________ (essen).

2 Ergänze die Tabelle mit den Verben im Präsens und im Präteritum. /14

Infinitiv	Präsens	Präteritum
wollen	ich ____________	ich ____________
sein	er ____________	er ____________
fahren	ich ____________	ich ____________
essen	er ____________	er ____________
gehen	ich ____________	ich ____________
haben	er ____________	er ____________
warten	ich ____________	ich ____________

3 Setze die Verben im Präteritum ein. /7

Sevi und Sara ______________________ (wollen) in die Stadt gehen.

Marco ______________ (sein) auch dabei. Sie ______________________ (fahren)

mit dem Fahrrad. Zuerst ______________________ (essen) sie ein Eis.

Danach ______________________ (gehen) Sara und Sevi durch die Geschäfte.

Marco ____________ (haben) keine Lust dazu. Er ____________________ (warten) draußen.

Gesamt: /31

die Satzglieder

Teste dich: Kennst du die Satzglieder?

1 a) Stelle die Satzglieder in jedem Satz einmal um.
b) Kreise die Satzglieder ein.

/6

A) Ali und Sinan gehen ins Freibad.

____

B) Sinan springt vom 3-Meter-Brett.

____

C) Ali schwimmt fünf Bahnen.

____

2 a) Frage mit wer? nach dem Subjekt und unterstreiche es.
b) Frage mit was tut? oder was geschieht? nach dem Prädikat und kreise es ein.

/12

A) Arzu geht zum Arzt.
B) Die Ärztin untersucht sie.
C) Die Sprechstundenhilfe druckt ihr ein Rezept aus.
D) Das Rezept bringt Arzu in die Apotheke.
E) Dort bekommt sie ein Medikament.
F) Mit dem Bus fährt Arzu wieder nach Hause.

3 a) Frage mit wen? oder was? nach dem Akkusativobjekt der Sätze. Schreibe die Frage auf.
b) Kreise das Akkusativobjekt ein.

/8

A) Andi besucht Lisa. ______________________________

B) Sie sehen einen Film an. ______________________________

C) Dann treffen sie noch ihre Freunde. ______________________________

D) Sie trinken mit ihnen noch eine Cola. ______________________________

Gesamt:
/26

Haupt- und Nebensätze

Teste dich: Kannst du Haupt- und Nebensätze unterscheiden? /4

1 Kreuze an, ob es sich bei den folgenden Beispielen um zwei Hauptsätze handelt oder um einen Hauptsatz und einen Nebensatz.

A) Kaja ist ärgerlich, weil Sina ein Geheimnis hat.

☐ Hauptsatz + Hauptsatz ☐ Hauptsatz + Nebensatz
☐ Nebensatz + Hauptsatz

B) Sina verrät Tom ihr Geheimnis und sie lässt Kaja einfach stehen.

☐ Hauptsatz + Hauptsatz ☐ Hauptsatz + Nebensatz
☐ Nebensatz + Hauptsatz

C) Kim sieht in ihrem Heft, dass sie morgen eine Klassenarbeit schreibt.

☐ Hauptsatz + Hauptsatz ☐ Hauptsatz + Nebensatz
☐ Nebensatz + Hauptsatz

D) Weil es in Strömen regnet, fällt der Wandertag aus.

☐ Hauptsatz + Hauptsatz ☐ Hauptsatz + Nebensatz
☐ Nebensatz + Hauptsatz

2 a) Kreise die Nebensatzkonjunktionen ein.
b) Unterstreiche in den Beispielen die Nebensätze. /6

A) Bülent bekommt Ärger, weil er erst so spät nach Hause kommt.

B) Jan bringt Lisa nach Hause, damit sie noch in Ruhe reden können.

C) Simon hat der Film gut gefallen, obwohl er eigentlich nicht ins Kino gehen wollte.

3 a) Setze passende Konjunktionen in die Lücken.
b) Unterstreiche alle Hauptsätze blau und alle Nebensätze gelb.
Achtung: In einem Beispiel sind es zwei Hauptsätze. /9

A) Saras Klasse fährt nach Hamburg, ____________ die Stadt so interessant ist.

B) Die Schüler fahren mit dem Bus und nicht mit dem Zug, ____________ sie Geld sparen.

C) In Hamburg ist viel zu sehen, ____________ sie besichtigen nicht alles.

Gesamt: /19

Redaktion: Mareike Zastrow
Illustrationen: Iris Wolfermann, Berlin
Umschlagillustration: Bernhard Skopnik, Kassel
Umschlaggestaltung: Rosendahl Grafikdesign
Layout: Klein & Halm Grafikdesign, Berlin
Technische Umsetzung: Manuela Mantey-Frempong, Berlin

www.cornelsen.de

1. Auflage, 12. Druck 2025

Alle Drucke dieser Auflage sind inhaltlich unverändert
und können im Unterricht nebeneinander verwendet werden.

Druck: H. Heenemann, Berlin

ISBN 978-3-464-62606-1

PEFC
PEFC/04-31-1156

PEFC-zertifiziert
Dieses Produkt stammt aus nachhaltig bewirtschafteten Wäldern
www.pefc.de

Seite 4

Aufgabe 1

Ein sportliches Paar
Xenia trifft ihren Freund Stefan. Sie sehen sich jeden Tag. Stefan mag sie sehr. Sie sind seit drei Monaten ein Paar. Beide lieben Sport. Stefan trainiert in der Fußballmannschaft. Xenia spielt Hockey.

Aufgabe 2

A) Xenia trifft – treffen
B) sie sehen – sehen
C) Stefan mag – mögen
D) sie sind – sein
E) Beide lieben – lieben
F) Stefan trainiert – trainieren
G) Xenia spielt – spielen

Aufgabe 3

er aß: essen	sie saß: sitzen
er will: wollen	sie kann: können

Seite 5

Aufgabe 4

Xenia *liest* gerne Comics. Stefan *hört* lieber Musik. Manchmal *streiten* sie auch. Sie *sind* beide sehr ungeduldig. Danach *lachen* sie aber darüber.

Das Verb steht an zweiter Stelle im Satz.

Aufgabe 5

zum Beispiel:
Xenia mag Sport.
Stefan macht jeden Tag seine Hausaufgaben.
Der Ball fliegt direkt über das Tor.
Stefan hört gerne sehr laute Musik.

Seite 6

Aufgabe 1

Farids Party
Farid fragt Engin: „Kommst du zu meiner Party?"
Engin: „Kommt Sara auch?"
Farid: „Ja, sie kommt. Kennst du sie?"
Engin: „Erinnerst du dich nicht mehr? Sie war auf meinem Geburtstag."
Farid: „Nein, das weiß ich nicht mehr."

Aufgabe 2

A) Spielst du gerne Handball?
B) Fährt dieser Zug nach Bremen?
C) Bist du noch sauer?
D) Kommst du zu meiner Party?
E) Habt ihr Hunger?

Seite 7

Aufgabe 1

A) Er möchte auf den Turm steigen.
B) Er will Ski fahren.
C) Er darf nichts essen.
D) Er muss auf den Bus warten.
E) Er soll früh aufstehen.
F) Er kann Fußball spielen.

Seite 8

Aufgabe 2

	Modalverb		Infinitiv
Er	möchte	auf den Turm	steigen.
Er	will	Ski	fahren.
Er	darf	nichts	essen.
Er	muss	auf den Bus	warten.
Er	soll	früh	aufstehen.
Er	kann	Fußball	spielen.

Aufgabe 3

zum Beispiel:
A) Jan will Kanu fahren.
B) Souheib möchte Tim treffen.
C) Meine Schwester soll Mathematik lernen.
D) Sara kann Fahrrad fahren.
E) Mein Lehrer darf Basketball spielen.
F) Simon muss mit dem Bus fahren.

Seite 9

Aufgabe 1

Urlaub
Sercan kommt morgens auf Teneriffa an.
Zuerst ruft er seine Freunde an.
Sie holen ihn am Flughafen ab.
Am Nachmittag ruht er sich am Strand aus.
Abends laden sie alle Nachbarn zum Essen ein.

zusammengesetzte Verben: ankommen, anrufen, abholen, ausruhen, einladen

Aufgabe 2

Ich *lade* meine Schwester ins Kino *ein*. Er *macht* die Tür *zu*.
Herr Meister *schließt* die Turnhalle *auf*.
Jana *fährt* mit ihrem Vater *mit*.
Cem *hebt* den Ball als Erster *auf*.

Aufgabe 3

zum Beispiel:
Ich mache das Fenster auf. Katharina hält die Tür zu. Die Schüler legen die Hefte weg.
Ben holt seine Schwester vom Kindergarten ab.
Frau Krüger zieht eine Jacke an.
Ihr steigt in den Bus ein.

Seite 10

Aufgabe 1

Herr Wanowski kommt in das Klassenzimmer. Die Schüler toben herum. Der Lehrer geht langsam zu seinem Tisch. Herr Wanowski schaut in die Klasse. Erkut ruft: „Was machen wir heute?" Herr Wanowski antwortet: „Die Klasse arbeitet heute in Gruppen." Die Schüler setzen sich. Dieser Unterricht macht meistens Spaß.

Aufgabe 3

Herr Wanowski fragt: „Mohammed, *arbeitest* du mit Betül und Saskia zusammen?" Mohammed ruft: „Ich *arbeite* nicht mit Mädchen!" Betül lacht: „Du meinst, du *arbeitest* mit Jungen? Das wäre das erste Mal, dass wir dich *arbeiten* sehen."

Aufgabe 4

Mohammed ärgert sich. Er antwortet: „Natürlich arbeite ich!" Er setzt sich zu Betül und Saskia. Aufmerksam betrachtet er die Aufgaben. Und tatsächlich – er zeigt es allen und löst die schwerste Aufgabe.

Seite 11

Aufgabe 1

Infinitiv	2. Person (du)	3. Person (er/sie/es)
sehen	du siehst	er sieht
laufen	du läufst	er läuft
nehmen	du nimmst	er nimmt
sprechen	du sprichst	er sprichst
treffen	du triffst	er trifft

Aufgabe 2

zum Beispiel:

ich nehme
du nimmst
er/sie/es nimmt
wir nehmen
ihr nehmt
sie nehmen

ich spreche
du sprichst
er/sie/es spricht
wir sprechen
ihr sprecht
sie sprechen

Aufgabe 3

zum Beispiel:
Ich spreche Englisch.
Du läufst zum Bus.
Er fängt Bälle sehr geschickt.
Sie sieht mit Brille besser.
Wir nehmen drei Kugeln Eis.

Seite 12

Aufgabe 1

Geschwister
Alex hat einen Bruder und eine Schwester. Seine Schwester ist elf Jahre alt und sein Bruder ist 17 Jahre alt. Die Geschwister sind in derselben Schule. Aber zum Glück haben die Kinder verschiedene Lehrer. Denn Alex' Bruder ist ziemlich frech und Alex hat keine Lust, dass die Lehrer das Gleiche von ihm denken.

Aufgabe 2

Person	haben	sein
1. Person Singular	ich habe	ich bin
2. Person Singular	du hast	du bist
3. Person Singular	er/sie/es hat	er/sie/es ist
1. Person Plural	wir haben	wir sind
2. Person Plural	ihr habt	ihr seid
3. Person Plural	sie sind	sie sind

Aufgabe 3

Bülents Bruder Ahmed *hat* heute Geburtstag. Bülent und seine Schwester *haben* eine Überraschung. Sie *sind* sehr stolz auf ihre Idee. Sie *haben* für ihn ein Ticket für ein Formel-1-Rennen. „Du *bist* zwar manchmal frech, aber du *bist* trotzdem ein toller Bruder!", erklären sie ihm. „Ihr *seid* die besten Geschwister, die man sich wünschen kann!", ruft Ahmed.

Seite 13

Aufgabe 2

zum Beispiel:
Was hat Sina vormittags gemacht?
Sina hat vormittags lange gefrühstückt, danach hat sie mit ihrer Freundin Esra telefoniert. Später hat sie mit ihrem Bruder Karten gespielt.
Wer hat das Essen gekocht?
Sinas Eltern haben gemeinsam gekocht.
Was hat die Familie nachmittags gemacht?
Sie hat einen Ausflug an den Badesee gemacht.

Aufgabe 3 a

Ein toller Tag
Sina erzählt ihrer Freundin Nancy: „Gestern habe ich viel Spaß gehabt. Ich habe erst lange gefrühstückt. Dann habe ich mit meiner Freundin Ezra telefoniert. Hinterher habe ich mit meinem Bruder Karten gespielt. Erst hat er gewonnen, dann ich. Mittags habe ich mit meiner Familie gegessen. Meine Eltern haben gemeinsam gekocht. Es hat sehr gut geschmeckt. Am Nachmittag haben wir alle einen Ausflug an den Badesee gemacht. Was hast du gemacht?"

Aufgabe 3 b

habe … gehabt, habe … gefrühstückt,
habe … telefoniert, habe … gespielt, hat … gewonnen,
habe … gegessen, haben … gekocht,
hat … geschmeckt, haben … gemacht, hast … gemacht

Aufgabe 4

essen → Sie haben gegessen.
schlafen → Sie hat geschlafen.
spielen → Er hat gespielt.
lesen → Wir haben gelesen.
sitzen → Ich habe gesessen.
lachen → Wir haben gelacht.
kochen → Ihr habt gekocht.
schreiben → Ich habe geschrieben.
arbeiten → Du hast gearbeitet.

Seite 14

Aufgabe 1

Rad fahren oder schwimmen?
Sergej: „Wann bist du eigentlich ins Schwimmtraining gekommen?"
Azad: „Ich bin vor zwei Jahren das erste Mal hier gewesen. Davor bin ich viel Mountainbike gefahren. Aber ich bin dann zu oft hingefallen."
Sergej: „Bist du zu schnell gefahren?"
Azad: „Ja, ich bin immer ziemlich gerast."
Sergej: „Und dann bist du lieber zum Schwimmen gegangen?"
Azad: „Genau. Nun bin ich aber auch vorsichtiger geworden."

Aufgabe 2

ich bin gerannt
du bist gerannt
er/sie/es ist gerannt

wir sind gerannt
ihr seid gerannt
sie sind gerannt

Aufgabe 3

Azad *ist* vor zwei Jahren ins Schwimmtraining *gegangen*. Davor *ist* er Mountainbike *gefahren*. Er *ist* immer ziemlich *gerast*. Dann *ist* er lieber zum Schwimmen *gegangen*. Außerdem *ist* er vorsichtiger *geworden*.

Seite 15

Aufgabe 4

Azad und Sergej *sind* zu spät zum Training *gekommen*. Azad *ist* noch einkaufen *gewesen*. Sie *sind* deshalb mit dem Bus *gefahren*. Hier treffen sie Sascha. Er *ist* auf dem Weg *hingefallen*. Sein Knie blutet. „Ich *bin* schnell *gelaufen*. Deshalb *bin* ich über einen Stein *gestolpert*."

Aufgabe 5

zum Beispiel:
Gestern bin ich ins Schwimmbad gegangen.
Dort habe ich meine Freundin Mascha getroffen.
Im tiefen Becken haben wir Tauchen geübt.
Wir sind schon seit vielen Jahren befreundet.
Im Kindergarten haben wir uns kennen gelernt.

Aufgabe 6

Nancy erzählt ihrer Freundin Sina:
„Ich *habe* auch ein schönes Wochenende *gehabt*. Am Freitag *habe* ich meinen Freund *getroffen*. Ich *habe* mich so *gefreut*, ihn zu sehen. Abends *sind* wir ins Kino *gegangen*. Ich *habe* mich ziemlich *gegruselt*. Und mein Freund *hat* darüber *gelacht*. Am Samstag und Sonntag *sind* wir in den Bergen *gewandert*. Am Sonntagabend *haben* wir dann mit meiner Familie zu Hause *gegessen*. Danach *haben* wir noch Gesellschaftsspiele *gespielt*."

Seite 16

Aufgabe 1a

Gemeine Tricks
Mir ist gestern Nachmittag etwas Blödes passiert: Ich habe in meiner Schultasche Simons Matheheft entdeckt. Simon hat alle Zahlen schon addiert. Ich habe gleich mit Sergej telefoniert. Er hat mich sofort besucht. Wir haben alle Lösungen kopiert. Zum Spaß hat Sergej dann noch selbst probiert, eine Aufgabe zu lösen. Dabei hat er bemerkt, dass alle Ergebnisse falsch waren. Simons gemeiner Trick hat bei uns leider funktioniert.

Aufgabe 1b

ist ... passiert, habe ... entdeckt, hat ... addiert, habe ... telefoniert, hat ... besucht, haben ... kopiert, hat ... probiert, hat ... bemerkt, hat ... funktioniert

Aufgabe 2

A) Ich habe mehr Taschengeld bekommen.
B) Er hat einen Diebstahl beobachtet.
C) Wir haben riesige Zahlenkolonnen addiert.
D) Im Kochkurs haben wir alles probiert.
E) Vadim hat häufig Lügengeschichten erzählt.
F) Fatma hat in den Ferien ihre Großmutter besucht.
G) Du hast immer deine Schlüssel vergessen.
H) Der Fernseher hat wieder perfekt funktioniert.

Aufgabe 3

zum Beispiel:
Ich habe ihn nach Hause begleitet.
Anna hat ihre Freundin besucht.
Jonas hat die Ostereier versteckt.
Selim hat das Geheimnis verraten.
Ich habe die Kekse mit Zuckerperlen verziert.
Mein Vater hat sich heute nicht rasiert.
Hast du den Pudding schon probiert?
Die Kapelle ist im Gleichschritt marschiert.

Seite 17

Aufgabe 1

Stefans Geburtstag
Während Stefans Geburtstagsparty herrschte ausgelassene Stimmung. Er feierte im Jugendclub. Alle tanzten zur Musik. Seine Freunde schenkten ihm ein neues Skateboard. Stefan freute sich sehr darüber. Auf der Tanzfläche probierte er es gleich aus und machte ein paar Sprünge. Alle klatschten Beifall.

Aufgabe 2

herrsch**t**e – herrscht
feier**t**e – feiert
tanz**t**en – tanzen
schenk**t**en – schenken
freu**t**e – freut
probier**t**e – probiert
mach**t**e – macht
klatsch**t**en – klatschen

Aufgabe 3

Infinitiv	Präsens	Präteritum
lachen	ich lache	ich lachte
machen	ich mache	ich machte
wachen	ich wache	ich wachte

Aufgabe 4

kochen	erzählen	entdecken
ich koch**te**	ich erzähl**te**	ich entdeck**te**
du koch**test**	du erzähl**test**	du entdeck**test**
er/sie/es koch**te**	er/sie/es erzähl**te**	er/sie/es entdeck**te**
wir koch**ten**	wir erzähl**ten**	wir entdeck**ten**

Aufgabe 5a

Der Text ist im Präsens geschrieben.

Murat erzählt gerne von seinen Erlebnissen. Ich höre ihm zu und überlege, was davon stimmt. In seinen Geschichten besiegt er alle. Ich sage nichts dazu und nicke nur ab und zu.

Aufgabe 5b

Murat erzählte gerne von seinen Erlebnissen. Ich hörte ihm zu und überlegte, was davon stimmte. In seinen Geschichten besiegte er alle. Ich sagte nichts dazu und nickte nur ab und zu.

Seite 18

Aufgabe 1

Der Überfall
Einmal ging es in Murats Geschichte um eine gefährliche Straßengang, die häufig ältere Damen überfiel. Murat wusste darüber Bescheid und wollte etwas dagegen tun. Er trug ein Kleid seiner Oma und eine Perücke mit grauen Haaren. Er rief anonym bei der Polizei an und bat um eine Polizeistreife. Langsam und humpelnd ging er die Straße entlang. Als ihn die Bande überfiel, kamen die Polizisten gerade um die Ecke. Ob diese Geschichte wohl stimmte?

Aufgabe 2

Infinitiv	Verbform im Präteritum	Infinitiv	Verbform im Präteritum
gehen	*ging*	tragen	*trug*
überfallen	*überfiel*	rufen	*rief*
wissen	*wusste*	bitten	*bat*
wollen	*wollte*	kommen	*kamen*

Aufgabe 3

bitten – wir baten
erfahren – ich erfuhr
bringen – er brachte
rufen – wir riefen
sprechen – sie sprach
erkennen – wir erkannten
vergessen – er vergaß

bleiben – sie blieben
finden – wir fanden
wissen – er wusste
fallen – er fiel
sitzen – wir saßen
essen – ich aß
fliegen – wir flogen

Seite 19

Aufgabe 4

erfahren	sprechen	sitzen	essen
ich erfuhr	ich sprach	ich saß	ich aß
du erfuhrst	du sprachst	du saßest	du aßest
er erfuhr	er sprach	er saß	er aß
wir erfuhren	wir sprachen	wir saßen	wir aßen
ihr erfuhrt	ihr spracht	ihr saßt	ihr aßt
sie erfuhren	sie sprachen	sie saßen	sie aßen

Aufgabe 5

Murat *wusste* sehr viel. Er *erfuhr* von allen Seiten immer die neuesten Ereignisse. Und er *vergaß* nie die kleinste Geschichte. Wenn er dann wieder über seine neuesten Mutproben *sprach*, *brachte* er alle Ereignisse in seiner neuen Geschichte unter. Das *erkannten* wir zwar irgendwann, aber wir *baten* ihn immer wieder um neue Erzählungen – denn er *brachte* uns immer zum Lachen.

Seite 20

Aufgabe 1

Einmal hatte Murat großes Glück. Wir waren nach der Schule auf dem Sportplatz. Ein paar ältere Jungen waren schon da. Ich hatte gleich ein komisches Gefühl. Und ich hatte Recht. Die Jungen waren sauer auf Murat. Er war ihnen zu frech. Wir hatten große Mühe, sie zu überzeugen, dass Murat nur ein „Geschichtenerzähler“ ist.

Aufgabe 2

Ich *war* gestern mit meiner Freundin im Kino. Ich *hatte* keine Lust auf einen Actionfilm. Deshalb *waren* wir im neuen Film von Walt Disney. Hinterher *hatten* wir noch die Idee, Celina anzurufen. Sie *war* sehr erfreut, dass wir noch zu ihr kommen wollten.

Aufgabe 3

Einmal *erzählte* Murat: „Gestern *war* mein Bruder echt nervig. Es *war* frühmorgens und ich *schlief* noch. Da *klopfte* es an meiner Zimmertür. Ich *lag* in meinem Bett und *wollte* weiterschlafen. Doch mein Bruder *rief* immer lauter meinen Namen. Irgendwann *stand* ich genervt auf, *öffnete* die Tür und *sagte*: ‚Ich liege noch im Bett und schlafe!‘ Er *antwortete* grinsend: ‚Tut mir leid, ich *wusste* nicht, dass du noch schläfst. Sonst würde ich dich fragen, ob ich dein Fahrrad benutzen darf.‘“

Seite 21

Aufgabe 1

Nataljas Zukunft

So stellt sich Natalja ihre Zukunft vor: Später werde ich einmal ein großes Haus haben. Ich werde es selbst einrichten. Ich werde als Schauspielerin und Sängerin arbeiten. Alle meine Lieder werden große Hits sein. Jeden Sommer werde ich in die Südsee fliegen. Natürlich werde ich alle meine Freundinnen zu mir einladen.

Aufgabe 2

zum Beispiel:
Du wirst als Kosmetikerin arbeiten.
Du wirst nicht in einer Band singen.
Du wirst eine Weltreise machen.
Du wirst nicht heiraten.
Du wirst einen Führerschein haben.
Du wirst nicht in einer Stadt leben.
Du wirst besser Mathe lernen.

Aufgabe 3a

zum Beispiel:
Werde ich ein Haustier haben?
Werde ich nach New York reisen?
Werde ich mich verlieben?
Werde ich berühmt werden?
Werde ich ein gutes Zeugnis bekommen?

Seite 22

Aufgabe 1

Der Ausflug

Marco und sein kleiner Bruder Tim gehen in den Ferienpark. Sie stellen sich zuerst an die Kasse. Als Marco bezahlt hat, steigen die beiden Brüder auf den Aussichtsturm. Von dort können sie bis hinter die Stadtgrenze sehen. Doch Tim möchte nun sofort in die Achterbahn. Sie stellen sich zwischen zwei Familien in die Schlange. Nach der Achterbahnfahrt möchte Tim auf das Trampolin. Danach legen sich Tim und Marco unter einen Baum und ruhen sich aus.
Später setzen sie sich auf eine Wiese vor das Riesenrad und machen ein Picknick. Nach und nach setzen sich viele andere Familien neben die Brüder.

Aufgabe 2

zum Beispiel:
Wohin gehen Marco und Tim? Sie gehen in den Ferienpark.
Wohin stellen sich die Brüder? Sie stellen sich an die Kasse.
Wohin steigen die beiden Brüder? Sie steigen auf den Aussichtsturm.
Wohin stellen sich die beiden Brüder? Sie stellen sich zwischen zwei Familien in die Schlange.
Wohin möchte Tim nach der Achterbahnfahrt? Tim möchte auf das Trampolin.

Aufgabe 3

zum Beispiel:
Ich gehe gern auf den Jahrmarkt.
Ich stelle mich nicht gern unter die Achterbahn.
Ich setze mich gern auf das Sofa.
Ich klettere gern auf den Baum.
Ich gehe nicht gern in die Stadt.

Seite 23

Aufgabe 1

Am Abend
Marco und Tim hatten einen schönen Tag (in) dem Ferienpark. Abends kommen sie müde zurück. Der Vater wartet (in) der Küche auf sie. Das Essen steht schon (auf) dem Tisch. Als alle zusammen gegessen haben und die Jungen schon (in) den Betten sind, will der Vater noch aufräumen. Doch die Schuhe der Jungen stehen (neben) der Tür. Ihre Jacken hängen (an) der Garderobe und die Taschen hängen ordentlich (neben) den Jacken. Der Schlüssel liegt (auf) der Kommode. (Hinter) dem Spiegel klemmt ein Zettel. (Auf) dem Zettel steht: „(Vor) der Tür wartet eine Überraschung!" Als Marcos Vater die Tür öffnet, steht (zwischen) zwei Kisten eine riesige Packung mit Popcorn.

Aufgabe 2

zum Beispiel:
Wo hatten Marco und Tim einen schönen Tag?
Sie hatten einen schönen Tag im Ferienpark.
Wo steht das Essen schon?
Das Essen steht schon auf dem Tisch.
Wo sind die Jungen?
Die Jungen sind schon in ihren Betten.
Wo liegt der Schlüssel?
Der Schlüssel liegt auf der Kommode.
Wo klemmt ein Zettel?
Hinter der Kommode klemmt ein Zettel.

Aufgabe 3

zum Beispiel:
Die leeren Flaschen stehen im Keller.
Die Hosen liegen auf dem Stuhl.
Die Sonnenmilch ist im Badezimmer.
Die Sonnenbrillen liegen im Regal.
Die Hausschuhe stehen hinter der Tür.

Seite 24

Aufgabe 1

Die Achterbahn hält nur (für) das Paar an.
Marco und Yasmin steigen (ohne) die Taschen ein.
Die Achterbahn rast (durch) den Tunnel.
Sie fährt (um) die Kurve.
Anschließend lehnen sich Marco und Yasmin erschöpft (gegen) den Aussichtsturm.

Aufgabe 2

Im Traum freut sich Marco, dass er mal ohne *den Bruder* durch *den Vergnügungspark* gehen kann. Sie laufen um *den Aussichtsturm* und stoßen fast gegen *den Stand* mit den Losen. Marco kauft drei Lose für *die Freundin*. Dann verlassen sie den Park durch *den Hinterausgang*.

Seite 25

Aufgabe 1

Marco und Yasmin
Marco und Yasmin sind schon (*seit*) *dem Winter* ein Paar. Sie treffen sich nachmittags (*nach*) *der Schule*. Marco holt Yasmin (*mit*) *dem Fahrrad* ab. Sie sind dann oft gemeinsam (*bei*) *einer Freundin*. Oder sie treffen sich gleich (*bei*) *dem Jugendzentrum*. Dort treffen sich auch andere Jugendliche (*aus*) *der Schule*. Yasmin und Marco können hier Billard spielen, Musik hören oder Hausaufgabenhilfe (*von*) *dem Betreuer* bekommen.

Aufgabe 2

Präposition	Artikel im Dativ + Nomen
seit	dem Winter
nach	der Schule
mit	dem Fahrrad
bei	einer Freundin
bei	dem Jugendzentrum
aus	der Schule
von	dem Betreuer

Seite 26

Aufgabe1

Mit dem Fahrrad unterwegs
Alex und Jan wollen eine Fahrt (mit) den Fahrrädern machen und sich später mit Freunden (in) dem Jugendzentrum treffen. Alex holt Jan (nach) der Schule ab. Er hält (vor) dem Haus, lehnt sein Fahrrad (gegen) die Mauer und klingelt (an) der Tür. Jan wartet auf Alex und ist sofort (bei) dem Freund.

Aufgabe 2

Alex und Jan fahren (durch) den Park.
Sie rasten (an) einer schönen Stelle (in) dem Wald.
Sie setzen sich (unter) die Bäume.
Ihre Fahrräder legen sie (auf) die Erde.

Aufgabe 3

Alex legt eine Decke (unter) den Baum.
Getränke und Brote sind (in) dem Rucksack.
Sie stellen alles (auf) die Erde.
Plötzlich bewegt sich etwas (unter) der Decke.
Laut kreischend springt Alex (auf) den Baumstumpf.
Sie sehen, wie eine kleine Maus (hinter) dem Gebüsch verschwindet.
Erleichtert machen es sich beide wieder (auf) dem Boden gemütlich.

Seite 27

Aufgabe 4

Marco und Yasmin sind *im* Jugendzentrum. Marco sitzt *neben* seiner Freundin Yasmin *auf* dem Sofa. Ihre Taschen liegen *unter* dem Tisch. Marcos Freund Yussuf lehnt *an* der Tür. Zwei Freundinnen von Yasmin stehen *neben* dem Billardtisch und unterhalten sich. Ein Junge kommt *durch* die Tür. Er hat eine Flasche und Gläser *in* der Hand. Einige Jugendliche sitzen *vor* einer Musikanlage.

Lösungen

Aufgabe 5

Auf *dem* Tisch liegen Zeitschriften. Ein Mädchen geht um *den* Tisch herum. Ein Junge steht zwischen *der* Tür und *dem* Fenster und hört Musik. Er hat Kopfhörer auf *dem* Kopf, hält eine CD in *der* Hand und tanzt. Die Mädchen, die hinter *dem* Jungen sitzen, lachen.

Seite 28

Aufgabe 1 und 2

zum Beispiel:
Ranas Oma packt ihren Koffer.
Ranas Opa putzt seine Schuhe.
Ranas Mutter schmiert Brötchen.
Ranas Vater hilft der Oma.
Ranas großer Bruder sucht seinen MP3-Player.
Ranas kleine Schwester spielt mit ihrer Puppe.

Aufgabe 3

Ihren Koffer packt Ranas Oma.
Brötchen schmiert Ranas Mutter.
Seine Schuhe sucht Ranas Vater.

Seite 29

Aufgabe 4

Ranas Oma sitzt im Auto.
Im Auto sitzt Ranas Oma.
Sitzt Ranas Oma im Auto?

Ranas Opa sucht seinen Koffer.
Seinen Koffer sucht Ranas Opa.
Sucht Ranas Opa seinen Koffer?

Ranas Bruder verabschiedet seine Freunde.
Seine Freunde verabschiedet Ranas Bruder.
Verabschiedet Ranas Bruder seine Freunde?

Ranas Vater putzt die Autoscheiben.
Die Autoscheiben putzt Ranas Vater.
Putzt Ranas Vater die Autoscheiben?

Ranas Mutter steht vor der Haustür.
Vor der Haustür steht Ranas Mutter.
Steht Ranas Mutter vor der Haustür?

Seite 30

Aufgabe 1

zum Beispiel:
Ranas Mutter holt ihre Zeitschriften.
Laura holt ihre Zeitschriften.
Ranas Mutter *verliert* ihre Zeitschriften.
Ranas Mutter holt *ein Buch*.

Ranas kleine Schwester holt ihre Buntstifte.
Die Frau holt ihre Buntstifte.
Ranas kleine Schwester *sieht* ihre Buntstifte.
Ranas kleine Schwester holt *ihre Schuhe*.

Aufgabe 2

A) Paula und ihre Eltern fahren nach Italien.
B) Olli fährt zu seinem Bruder.
C) Mark bleibt zu Hause.
D) Jessica und ihre Schwester fahren zu ihren Großeltern.
E) Tom und Max fahren in ein Sommercamp.

Seite 31

Aufgabe 1

Wer hält an einer Raststätte? – Die Familie hält an einer Raststätte.
Wer kauft eine Cola? – Ranas Vater kauft eine Cola.
Wer sucht die Brötchen? – Ranas Bruder sucht die Brötchen.
Wer geht zur Toilette? – Ranas Mutter geht zur Toilette.

Aufgabe 2

Wer klopft an die Autotür? – Ranas Schwester klopft an die Autotür.
Was ist zu kalt? – Die Cola ist zu kalt.
Was liegt im Kofferraum? – Die Tasche liegt im Kofferraum.
Wer ist ungeduldig? – Ranas Oma ist ungeduldig.
Was ist sehr voll? – Der Parkplatz ist sehr voll.
Wer macht Gymnastik? – Rana macht Gymnastik.
Was läuft die ganze Zeit? – Das Radio läuft die ganze Zeit.
Wer öffnet das Fenster? – Ranas Mutter öffnet das Fenster.

Seite 32

Aufgabe 3

A) *Wer erreicht endlich ihr Ziel?* Die Familie erreicht endlich ihr Ziel.
B) *Wer parkt das Auto vor dem Haus der Tante?* Ranas Mutter parkt das Auto vor dem Haus der Tante.
C) *Wer läuft sofort zu ihrer Cousine?* Ranas Schwester läuft sofort zu ihrer Cousine.
D) *Wer ist im letzten Jahr fast zehn Zentimeter gewachsen?* Die Cousine ist im letzten Jahr fast zehn Zentimeter gewachsen.
E) *Wer holt die Geschenke aus dem Auto?* Ranas Opa holt die Geschenke aus dem Auto.
F) *Wer trägt das Gepäck ins Haus?* Ranas Vater trägt das Gepäck ins Haus.
G) *Wer schläft im Auto?* Ranas Oma schläft im Auto.
H) *Wer weckt die Oma?* Der kleine Bruder weckt die Oma.
I) *Wer freut sich sehr?* Ihre Tante freut sich sehr.

Aufgabe 4

A) Im Haus packt Rana sofort ihren Koffer aus.
B) Schnell zieht sie eine kurze Hose und ein T-Shirt an.
C) Auch ihre kleine Schwester zieht sich um.
D) Abends kocht Ranas Oma ein tolles Abendessen.
E) Allen schmeckt das Essen sehr gut.
F) Nach dem Essen spielen Rana und ihre Cousine Karten.
G) Meistens gewinnt Ranas Cousine.

Seite 33

Aufgabe 1

Was tut meine Mutter? Meine Mutter schwimmt im Meer.
Was tun wir? Wir essen Pizza.
Was tut mein Bruder? Mein Bruder joggt im Park.
Was tut die Sonne? Die Sonne blendet.
Was tun meine Eltern? Meine Eltern fahren Fahrrad.
Was tut der Wind? Der Wind bläst.

Mit den Fragen wird nach dem Prädikat gefragt.

Aufgabe 2

A) *Was tun Rana und ihre Cousine?* Rana und ihre Cousine holen ihre Badesachen.
B) *Was tut Rana noch schnell?* Rana holt noch schnell die Sonnencreme.
C) *Was tun sie dann?* Dann gehen sie an den Strand.
D) *Was tun Rana und ihre Cousine?* Rana und ihre Cousine legen ihre Handtücher in den Sand.
E) *Was tun sie danach sofort?* Danach gehen sie sofort ins Wasser.
F) *Was tun sie erst ein bisschen?* Sie spielen erst ein bisschen mit dem Ball.
G) *Was tun sie dann ein paar Minuten?* Dann schwimmen sie ein paar Minuten.
H) *Was tun Rana und ihre Cousine danach?* Danach liegen Rana und ihre Cousine in der Sonne.
I) *Was tut Rana?* Danach liest Rana ein Buch.
J) *Was tut sie dann?* Dann schläft sie.

Seite 34

Aufgabe 3

A) Wir haben erst ein bisschen mit dem Ball gespielt.
B) Wir sind ein paar Minuten geschwommen.
C) Wir haben uns in die Sonne gelegt.
D) Ich habe ein Buch gelesen.
E) Dann habe ich geschlafen.

Aufgabe 4

A) Morgen möchte ich wieder an den Strand gehen.
B) Ich will dann wieder schwimmen.
C) Und ich möchte wieder Ball spielen.
D) Bestimmt darf ich morgen den MP3-Player von meiner Cousine ausleihen.
E) Dann kann ich auch Musik hören.
F) Zuerst holt Milan seinen Freund Alex ab.
G) Alex zieht seine Schuhe und seine Jacke an.
H) Dann gehen Milan und Alex los.
I) Nach einer halben Stunde kommen die Jungen am Basketballplatz an.

Aufgabe 5

Olli besucht seinen Bruder Max.
Max wohnt in München.
Er arbeitet dort als Koch.
Max liebt seinen Beruf. Er kann immer ausschlafen.
Denn er arbeitet nur nachmittags und abends.
Vormittags besichtigen Olli und Max München.
Sie gehen ins Museum und in den Englischen Garten.
Die beiden Brüder besichtigen auch den Marienplatz.
Nachmittags geht Max zur Arbeit.
Er fängt immer um 16:00 Uhr an.

Seite 35

Aufgabe 1

A) Dort lernen sie verschiedene Berufe kennen.
B) Sie können mehrere Handwerksberufe ausprobieren.
C) Tom und Celina treffen im Sommercamp viele andere Jugendliche.
D) Tom und Celina lernen zuerst ihren Betreuer kennen.
E) Er zeigt ihnen ihre Zimmer.
F) Sie besichtige dann die Werkstätten.

Aufgabe 2

Was erweitern Tom und Celina?
Tom und Celina erweitern ihre Computerkenntnisse.
Was lesen Tom und Celina gemeinsam mit den anderen? Gemeinsam mit den anderen lesen Tom und Celina einen spannenden Fantasy-Roman.
Was machen Tom und Celina in ihrer Freizeit?
In ihrer Freizeit machen Tom und Celina Sport.
Was verbessern Tom und Celina?
Tom und Celina verbessern ihre Mathenoten.

Seite 36

Aufgabe 3

Was schauen sich Tom und Celina an?
Wen treffen sie?
Was packt Tom aus?
Wen ruft Celina an?
Was schaut Tom an?
Was suchen die beiden?

Aufgabe 4

Vor dem Kino treffen Marie und Romina zwei andere Mädchen. Sie lesen zuerst das Kinoprogramm.
Dann kaufen sie ihre Eintrittskarten. Romina verliert ihre Eintrittskarte. Aber Marie findet die Karte.
So können die Mädchen doch den Film ansehen.
Marie findet den Film langweilig.
Aber Romina findet die Schauspieler ganz toll.

Seite 37

Aufgabe 5

A) Jonas und Marvin suchen zuerst *die Sporthalle*.
B) Dann ziehen sie *ihre Sportkleidung* an.
C) Der Trainer begrüßt zuerst *den Kurs*.
D) Dann begrüßt der Trainer *die beiden Jungs*.
E) Der Trainer fragt *die Jugendlichen* nach ihren Namen.
F) Jonas und Marvin mögen *den Trainer* sehr gern.
G) Sie wollen *das Training* nächste Woche wieder besuchen.

Aufgabe 6

A) *Was liest Tom?* Tom liest eine Computerzeitschrift.
B) *kein Akkusativobjekt*
C) *Wen ruft Marie an?* Marie ruft ihre Eltern an.
D) *Was hört Romina?* Romina hört Musik.
E) *kein Akkusativobjekt*
F) *Wen trifft Milan?* Milan trifft Lea.
G) *Was findet Katy?* Katy findet den See.
H) *kein Akkusativobjekt*
I) *kein Akkusativobjekt*
J) *Was holt Natalja?* Natalja holt Stühle.
K) *Was deckt Justin?* Justin deckt den Tisch.
L) *kein Akkusativobjekt*
M) *kein Akkusativobjekt*

Seite 38

Aufgabe 1

Wem wollen die Betreuer alles genau erklären?
Die Betreuer wollen den Jugendlichen alles genau erklären.
Wem sollen die Betreuer alle Fragen beantworten?
Die Betreuer sollen den Jugendlichen alle Fragen beantworten.
Wem müssen alle zuhören?
Alle müssen dem Betreuer zuhören.
Wem dürfen die Jugendlichen helfen?
Die Jugendlichen dürfen dem Betreuer helfen.

Aufgabe 2

Wem erklärt Herr Aslan, wie man eine Bewerbung schreibt?
Wem gefällt das Bewerbungstraining?
Wem gibt Carmen viele Tipps?
Wem hilft Herr Aslan?
Wem dankt Niklas?

Seite 39

Aufgabe 3

Marvin hat zu seinem Geburtstag allen Jugendlichen eine Einladung gegeben.
Die Jugendlichen gratulieren Marvin.
Sie schenken Marvin Kinokarten.
Marvin dankt seinen Freunden.
Cosma gibt Marvin einen Filmtipp.
Der Film hat Cosma gefallen.
Marvin glaubt Cosma nicht.
Cosma zwinkert ihrer Freundin zu.
Marvin glaubt selten einem Mädchen.

Aufgabe 4

zum Beispiel:
Der Koch schält Kartoffeln. Dilara möchte *dem Koch* helfen. Also gibt der Koch *der Schülerin* ein Messer. Er zeigt *dem Mädchen*, wie man richtig schneidet. Nach einer Stunde ist das Essen fertig. Es ist *den beiden* gut gelungen. Das Essen schmeckt *den Schülern* sehr gut. Es gibt für jeden zwei Portionen. Das genügt *den Jugendlichen* aber nicht. Sie erklären *dem Koch*, dass er nächstes Mal mehr kochen muss. Die Mädchen glauben *den Jungen* nicht, dass sie immer noch Hunger haben.

Seite 40

Aufgabe 1

_______ = Akkusativobjekt
- - - - - - - = Dativobjekt

Laura erzählt:
„Ich finde **die anderen Jugendlichen** hier sehr nett.
Ich mag auch **meinen Betreuer** sehr gern.
Er hilft **mir** sehr oft.
Ich finde auch **die Sportkurse** gut.
Den Computerkurs finde ich aber sehr anstrengend.
Meistens hilft der Computerlehrer **uns** nicht."

Katy erzählt:
„Gestern hatte ich **einen schlechten Tag**.
Irgendjemand hat **mein Handy** gestohlen.
Wir haben **den Betreuer** gefragt, was wir tun sollen.
Er hat **die Polizei** angerufen.
Die Polizei konnte **uns** aber auch nicht helfen."

Aufgabe 2

_______ = Akkusativobjekt
- - - - - - - = Dativobjekt

In den Sommerferien besuchen 30 Jugendliche einen Computerkurs.
Sie wollen dort neue Programme kennen lernen.
Viele Jugendliche verbessern ihre Computerkenntnisse.
Sie schreiben auch Bewerbungen auf dem Computer.
Nur wenige Jugendliche mögen den Unterricht nicht.
Die meisten hören dem Lehrer gerne zu.
Fast alle Jugendlichen lernen im Kurs neue Freunde kennen.
Zu Hause zeigen sie ihren Eltern stolz ihre Ergebnisse.

Seite 41

Aufgabe 3

A) *Ihr kommt aus dem Haus.*
B) *Ihr biegt rechts ab.*
C) *Ihr lauft die Bergstraße entlang.*
D) *Kurz darauf kommt ihr an eine Kreuzung.*
E) *Ihr biegt in die Lessingstraße ein.*
F) *Ihr lauft bis zum Park.*
G) *Auf der linken Seite ist ein kleiner See.*
H) *Rechts steht eine große Eiche.*
I) *Hinter der Eiche beginnt ein kleiner Weg.*
J) *Ihr geht immer geradeaus.*
K) *Der Weg endet direkt vor dem Jugendzentrum.*

Seite 42

Aufgabe 1

A) *Sie fährt nächste Woche an den Bodensee.*
B) *Sie wollen zehn Tage dort bleiben.*
C) *Sie haben sich schon vor einem Monat das Camp ausgesucht.*
D) *Sorayas Bruder war letzten Sommer dort.*
E) *Am Sonntag treffen sie sich, um alles vorzubereiten.*
F) *Der Zug fährt um 7:00 Uhr morgens.*
G) *Sie werden fünf Stunden unterwegs sein.*
H) *Sie freuen sich seit Wochen.*

Aufgabe 2

Endlich geht es los. Soraya ist schon *seit fünf Uhr* wach. Sie konnte nur *ein paar Stunden* schlafen – sie war einfach zu aufgeregt. Die Mädchen treffen sich *um 6:30 Uhr* am Bahnsteig. Aber wo bleibt der Zug? Oh nein, er hat *eine halbe Stunde* Verspätung.

Seite 43

Aufgabe 1

A) *Sie konnte vor Aufregung kaum schlafen.*
B) *Aus Angst zu verschlafen hatte sie sich drei Wecker gestellt.*
C) *Um pünktlich zu sein, frühstückte sie nicht.*
D) *Damit sie unterwegs essen konnte, gab ihr ihre Mutter eine ganze Tasche mit Brötchen, Obst und Süßigkeiten mit.*

Aufgabe 2

Abends sind die Mädchen *wegen der langen Fahrt* sehr müde. Ihnen ist *wegen der vielen Süßigkeiten* ein wenig schlecht. Aber sie können *vor Aufregung* nicht einschlafen. Sie kichern *vor Freude*: Ein paar nette Jungen haben sie morgen zum Grillen eingeladen. Sie wollen den Jungen *als Dankeschön* irgendetwas mitbringen. Sie rufen *wegen einer guten Idee* Sorayas Bruder an.

Seite 44

Aufgabe 1

A) *Er geht alleine nach Hause.*
B) *Er ist sehr ängstlich.*
C) *Er geht schnell weiter.*
D) *Die Straße ist dunkel.*
E) *Der Mond ist bedeckt.*
F) *Er dreht sich blitzschnell um.*
G) *Er lacht erleichtert.*

Aufgabe 2

Tim möchte *leise* die Wohnung aufschließen. Er schaut *erschrocken* auf das Schloss. Es wurde *geschickt* aufgebrochen. Tim klingelt *schnell* bei seiner Nachbarin. Diese ruft *sofort* die Polizei. Aber plötzlich kommt Tims Bruder *verschlafen* aus seinem Zimmer. Er hat die Tür *vorsichtig* aufgebrochen, weil er seinen Schlüssel vergessen hatte. Tim ist *sauer* auf seinen Bruder, weil der ihm so einen Schreck eingejagt hat.

Seite 45

Aufgabe 1

(Wann) hat sich Orhan verletzt?
(Wie) flüstert Hakan?
(Wo) hatten wir heute Sportunterricht?
(Wann) waren wir im Kino?
(Wo) waren wir im Sommer?
(Warum) wurde das Konzert abgesagt?
(Wohin) gehe ich?
(Wann) muss Coskun Hausaufgaben machen?
(Warum) habe ich meine Freundin umarmt?
(Wie) ging Anna zum Bus?

Seite 46

Aufgabe 2

die adverbiale Bestimmung des Ortes:
zu Hause, im Park, am Strand, auf dem Fußballplatz
die adverbiale Bestimmung der Zeit:
gestern, voriges Jahr, seit einem Monat, in den Ferien, morgen, letzte Woche
die adverbiale Bestimmung des Grundes:
aufgrund der guten Noten, wegen meiner Katze, weil ich lernen muss, wegen des Staus, wegen meiner Oma
die adverbiale Bestimmung der Art und Weise:
hastig, gerne, vor Wut, schnell, schreiend

Seite 47

Aufgabe 1

Die Klassenfahrt
Die Klasse 8c <u>macht</u> eine Klassenfahrt.
Alle Schüler <u>fahren</u> nach Berlin.
Die Lehrer <u>begleiten</u> die Schüler.
Sie <u>reisen</u> mit dem Bus.
Alle <u>schlafen</u> in einem Jugendhotel.
Sie <u>bleiben</u> fünf Tage in Berlin.
Es <u>gefällt</u> allen.

Aufgabe 2

zum Beispiel:
Das Jugendhotel liegt in der Nähe einer U-Bahn-Station.
In jedem Zimmer steht ein Schreibtisch.
In dem Aufenthaltsraum stehen fünf Computer.
In einem Zimmer schlafen vier Schüler.

Seite 48

Aufgabe 3

Im Jugendhotel <u>gibt</u> es Frühstück (und) es <u>gibt</u> dort auch Abendessen. Wir <u>frühstücken</u> meistens nur im Hotel, (denn) abends <u>sind</u> wir oft unterwegs. Es <u>gibt</u> viele Viererzimmer, (aber) es <u>gibt</u> auch Einzelzimmer für unsere Lehrer. Wir <u>machen</u> eine Stadtrundfahrt mit dem Bus (oder) wir <u>machen</u> eine Schifffahrt. Wir <u>besuchen</u> nicht den Deutschen Dom, (sondern) wir <u>besichtigen</u> den Reichstag. Herr König <u>plant</u> einen Spieleabend, (doch) wir <u>wollen</u> lieber in einen Jugendclub.

Aufgabe 4

A) Der Lehrer hat keinen Stadtplan, aber Nino hat einen Stadtplan.
B) In den Zimmern gibt es keinen Fernseher und es gibt kein Radio.
C) In jedem Zimmer gibt es eine Dusche und in jedem Zimmer liegen vier Handtücher.
D) Zum Frühstück können die Jugendlichen Müsli essen oder sie können sich Brote schmieren.
E) In dem Hotel gibt es Computer, aber es gibt keinen Fernsehraum.

Seite 49

Aufgabe 1

Ich <u>möchte</u> nach Berlin fahren, (obwohl) ich schon dort <u>war</u>.
Wir <u>möchten</u> nach Berlin fahren, (weil) es da einen tollen Jugendclub <u>gibt</u>.
Ich <u>möchte</u> nach Berlin fahren, (damit) ich den Reichstag sehen <u>kann</u>.

Aufgabe 2

Die Klasse 8c <u>fährt</u> nach Berlin, (weil) die Schüler diese Stadt interessant <u>finden</u>.
Die Schüler und die Lehrer <u>fahren</u> mit dem Bus, (obwohl) nicht alle gern Bus <u>fahren</u>.
Sie <u>sind</u> erst spät in Berlin, (weil) auf der Autobahn Stau <u>ist</u>.
Die Lehrer <u>planen</u> die Reise gründlich, (damit) nichts <u>schiefgeht</u>.
Sie <u>fahren</u> frühmorgens los, (damit) sie noch bei Helligkeit <u>ankommen</u>.
Die Klassenfahrt <u>dauert</u> nur fünf Tage, (damit) alle am Wochenende wieder zu Hause <u>sind</u>.

Seite 50

Aufgabe 3

A) (Weil) <u>die Sonne scheint</u>, macht die Klasse 8c eine Schifffahrt.
B) Paula bleibt heute im Hotel, (weil) <u>ihr schlecht ist</u>.
C) Der Lehrer gibt den Schülern seine Handynummer, (damit) <u>sie ihn jederzeit anrufen können</u>.
D) <u>Milan</u> fährt mit, (obwohl) <u>er krank ist</u>.
E) (Weil) <u>ihr MP3-Player gestohlen wurde</u>, hat Mia schlechte Laune.
F) (Obwohl) <u>Mia schlechte Laune hat</u>, geht sie mit ins Museum.

Aufgabe 4

A) Wir <u>machen</u> eine Schifffahrt, weil das Wetter gut <u>ist</u>.
B) Wir <u>besichtigen</u> den Reichstag, wenn die Warteschlange nicht zu lang <u>ist</u>.
C) Wir <u>fahren</u> schon morgens zum Brandenburger Tor, weil noch nicht so viel los <u>ist</u>.
D) Wir <u>bekommen</u> einen Stadtplan, damit wir uns nicht <u>verlaufen</u>.

Seite 51

Aufgabe 1

zum Beispiel:
David wünscht sich, dass er im nächsten Schuljahr neben Riccardo sitzen darf.
Milena glaubt, dass sie ihre Noten verbessern wird.
Robbie und Sina sagen dem Informatiklehrer, dass sie in der Computer-AG mitmachen wollen.
Daria erklärt dem Sportlehrer, dass sie keine Zeit mehr für die Basketball-AG haben wird.
Mavi denkt, dass er im nächsten Jahr bessere Mathenoten bekommt.
Die Lehrerin hofft, dass im nächsten Jahr alle Schüler gute Noten bekommen.

Aufgabe 2

A) *Dilara glaubt, dass das Wetter gut wird.*
B) *Erkan sagt, dass er zu seinem Opa fährt.*
C) *Laura denkt, dass sie einen Tanzkurs macht.*
D) *Emilio erklärt, dass er zu seiner Oma nach Italien fährt.*
E) *Ivo behauptet, dass er Mathe lernen wird.*
F) *Tim hofft, dass er Skateboard fahren geht.*
G) *Fatma wünscht sich, dass ihre Cousine kommt.*
H) *Simon hofft, dass er zu einem Konzert seiner Lieblingsband geht.*
I) *Lara glaubt, dass ihre Freundin zu Besuch kommt.*
J) *Michelle denkt, dass sie nächstes Jahr wieder wegfährt.*
K) *Robin weiß, dass es auf dem Campingplatz einen Swimmingpool gibt.*
L) *Lina sagt, dass sie Ferien langweilig findet.*

Seite 52

Aufgabe 3

Herr Busch verspricht, dass er die Hausaufgaben schneller korrigieren wird.
Frau Noce sagt, dass sie im Englischunterricht mehr Filme zeigt.
Herr Müller verspricht, dass er Darius öfter bei den Aufgaben hilft.
Herr Bugaj erklärt, dass er der Klassenlehrer der Klasse 8c bleibt.
Herr Hummert sagt, dass die Schüler weniger Hausaufgaben bekommen.
Frau Padera will, dass die Schüler immer pünktlich sind.

Seite 53

Aufgabe 1

Berlin
Berlin ist **eine Stadt**, (die) zwei Zoos hat.
Der Tierpark ist **der Zoo**, (der) im Osten der Stadt liegt.
Das Elefantentor ist **das Tor**, (das) am Eingang des Berliner Zoos steht.
Das Brandenburger Tor ist **ein Bauwerk**, (das) in der ganzen Welt bekannt ist.
Der Fernsehturm, (der) am Alexanderplatz steht, ist 368 Meter hoch.

Aufgabe 2

Am Eingang sitzt ein Mann, *der* die Eintrittskarten verkauft. Die Schüler sehen einen Elefanten, *der* schon 60 Jahre alt ist. Die Schüler beobachten einen Eisbären, *der* auf einem Felsen sitzt. Die Schüler entdecken eine Giraffe, *die* Blätter von einem Baum frisst. Die Schüler sehen mehrere Affen, *die* miteinander spielen.
Sie entdecken ein Känguru, *das* sehr schnell hüpft.
Sie betrachten Schlangen, *die* in einem Korb liegen.
Die Schüler besichtigen Kamele, *die* schlafen.

Seite 54

Aufgabe 3

A) Tim hat einen Affen fotografiert, (der) ganz klein ist.
B) Musa hat einen Bären entdeckt, (der) schläft.
C) Henry hat einen Löwen beobachtet, (der) brüllt.
D) Melissa hat ein Zebra gesehen, (das) durch das Gehege rennt.
E) David hat einen Tiger gefilmt, (der) einen anderen Tiger jagt.

Aufgabe 4

Im Berliner Museum für Naturkunde
Der **Stein**, (den) wir hier sehen, ist ein Granat.
Granate sind **Steine**, (die) manche Leute auch als Schmuck benutzen.
Das ist der **Saurier**, (den) Forscher in Afrika gefunden haben.
Der **Abdruck**, (den) wir dort sehen, stammt von einem Vogel.
Dieser **Abdruck**, (den) man 1876 gefunden hat, ist sehr wertvoll.
Hier seht ihr ein Skelett von einer **Frau**, (die) man Lucy nennt.
Dieses **Skelett**, (das) Forscher 1974 in Afrika gefunden haben, ist etwa 3 Millionen Jahre alt.

Seite 55

Aufgabe 5

A) Das Skelett, *das* Forscher 1974 in Afrika gefunden haben, ist ungefähr 1,10 Meter groß.
B) Die Steine, *die* ein Forscher in Russland gefunden hat, sind sehr wertvoll.
C) Der Gorilla, *den* man im Museum sehen kann, heißt Bobby.
D) Der Mann, *den* wir hier sehen, ist der Biologe Charles Darwin.
E) Die Korallen, *die* wir hier sehen, sind heute ausgestorben.
F) Das Pferd, *das* man im Museum für Naturkunde sehen kann, ist ein Wildpferd.

Aufgabe 6

A) *Der Affen, (den) man Bobby nennt, ist ein Gorilla.*
B) *Das Dinosaurierskelett, (das) man im Museum sehen kann, ist sehr berühmt.*
C) *Der Stein, (den) ich schön finde, ist ein Granat.*

Seite 56

Aufgabe 7

Der Lehrer, (dem) ich geholfen habe, hat früher in Berlin gewohnt.
Der Schüler, (dem) ich etwas über das Skelett von Lucy erzählt habe, war sehr lustig.
Die Schülerin, (der) ich den Weg zur Toilette erklärt habe, sieht aus wie meine Tochter.
Der Junge, (dem) ich die Steinsammlung gezeigt habe, weiß sehr viel über Steine.
Das Mädchen, (dem) ich den Weg zur Garderobe gezeigt habe, hatte seine Eintrittskarte vergessen.
Der Schüler, (dem) ich einen Witz erzählt habe, hat laut gelacht.

Aufgabe 8
- A) Haben Sie den Schüler gesehen, *dem* ich die Steinsammlung erklärt habe?
- B) Haben Sie die Schülerin gesehen, *der* ich das Wildpferd gezeigt habe?
- C) Haben Sie den Jungen beobachtet, *dem* Sie die Geschichte vom Affen Bobby erzählt haben?
- D) Haben Sie die Lehrerin vergessen, *der* Sie Lucy gezeigt haben?

Seite 57

Aufgabe 9

Der Junge, an den ich immer denken muss, ist sehr sportlich.
Das Mädchen, für das ich mich interessiere, hatte eine graue Mütze auf.
Der Junge, über den ich mich so geärgert habe, hat mir Cola über die Jeans geschüttet.
Das Mädchen, um das ich mich gekümmert habe, hatte Streit mit ihrer besten Freundin.
Der Junge, über den ich so lachen musste, hat Witze erzählt.

Aufgabe 10
- A) *Der Junge, an den ich denke, heißt Mavi.*
- B) *Das Mädchen, für das ich mich interessiere, heißt Nil.*
- C) *Der Junge, über den ich mich geärgert habe, heißt Lukas.*
- D) *Das Mädchen, um das ich mich gekümmert habe, heißt Marlene.*
- E) *Der Junge, über den ich lachen musste, heißt Alex.*

Seite 58

Aufgabe 11
- A) **Das Mädchen**, neben dem ich saß, hat blonde Haare.
- B) **Der Junge**, von dem ich diese Mütze bekommen habe, hat dunkle Augen.
- C) **Die Jungen**, mit denen ich Fußball gespielt habe, waren älter als ich.
- D) **Die Schülerin**, von der ich meinen neuen Klingelton bekommen habe, hat eine Zwillingsschwester.
- E) **Der Junge**, zu dem ich mich gesetzt habe, kommt auch aus der Türkei.
- F) **Der Junge**, mit dem ich telefoniert habe, liest auch gern Comics.

Aufgabe 12
- A) *Das Mädchen, neben dem ich saß, heißt Mira.*
- B) *Der Junge, von dem ich die Mütze bekommen habe, heißt Paul.*
- C) *Der Schüler, mit dem ich Fußball gespielt habe, heißt Bülent.*
- D) *Die Schülerin, von der ich meinen neuen Klingelton bekommen habe, heißt Marie.*
- E) *Der Junge, zu dem ich mich gesetzt habe, heißt Yulek.*
- F) *Der Junge, mit dem ich telefoniert habe, heißt Janosch.*

Seite 59

Aufgabe 1
- A) Der Quark, *der* hier steht, ist von Jan.
- B) Das Brot, *das* mir am besten schmeckt, hat Lukas mitgebracht.
- C) Wo ist die Marmelade, *die* eben noch hier stand?
- D) Das ist der Lehrer, *für den* ich den Salat gemacht habe.
- E) Wer hat das Messer, *mit dem* ich das Brot schneiden kann?
- F) Ich suche den Käse, *der* mir so gut schmeckt.
- G) Der Quark, *den* ich gerade gegessen habe, schmeckt sehr gut.

Aufgabe 2
- A) *Der Quark, den du mitgebracht hast, schmeckt sehr gut.*
- B) *Die Kanne, die auf dem Tisch steht, ist leer.*
- C) *Die Butter, die ich gekauft habe, ist verschwunden.*
- D) *Der Käse, den ich gesucht habe, liegt neben dem Brot.*

Aufgabe 3
- A) *Das Messer, mit dem ich das Brot geschnitten habe, ist schmutzig.*
- B) *Der Bäcker, bei dem ich das Brot gekauft habe, ist in der Schillerstraße.*
- C) *Das Auto, mit dem sie die Getränke transportiert hat, gehört Erkans Vater.*

Seite 60

Gib dir für jede richtige Lösung einen Punkt.

Aufgabe 1

Verben: liest, hört, trifft, spielt, trainiert, besucht

Sina liest gerne Comics.
Tim hört lieber Musik.
Xenia trifft ihren Freund Stefan.
Robin spielt Basketball.
Kevin trainiert für einen Boxkampf.
Alex besucht seine Oma.

Aufgabe 2
- A) Bülent **spricht** nicht mehr mit Simon.
- B) Cedric **geht** heute schwimmen.
- C) Maja **trifft** sich morgen mit Yannik.
- D) Kim **fährt** mit dem Bus zur Schule.
- E) Angelina **macht** ein Praktikum im Kindergarten.

Auswertung des Tests
23–22 Punkte
Sehr gut! Du kannst Verben im Satz richtig verwenden.
21–19 Punkte
Das war schon ganz gut, du musst aber noch etwas üben. Schau dir auf den Seiten 4–6 und 10–12 noch einmal genau die Merksätze an. Schreibe in dein Heft, was du dir merken willst. *Das will ich mir merken: …*
18–0 Punkte
Du musst noch gründlich üben, Verben im Satz richtig zu verwenden. Sieh dir die Seiten 4–6 noch einmal genau an. Lege dir Karteikarten an, auf denen du wichtige Verben notierst. Formuliere zu jedem Verb mehrere Sätze. Unterstreiche die Verbformen in deinen Sätzen.

Seite 61

Gib dir für jede richtige Lösung einen Punkt.

Aufgabe 1

Letztes Wochenende *sind* Azad und Bülent ins Jugendzentrum *gegangen*. Dort *haben* sie Billard *gespielt*. Ihre Freunde *haben* sie auch dort *getroffen*. Bis zum Abend *sind* sie alle *geblieben* und *haben* dort auch *gegessen*.

Lösungen

Aufgabe 2

Präsens: ich will, er ist, ich fahre, er isst, ich gehe, er hat, ich warte
Präteritum: ich wollte, er war, ich fuhr, er aß, ich ging, er hatte, ich wartete

Aufgabe 3

Sevi und Sara *wollten* in die Stadt gehen. Marco *war* auch dabei. Sie *fuhren* mit dem Fahrrad. Zuerst *aßen* sie ein Eis. Danach *gingen* Sara und Sevi durch die Geschäfte. Marco *hatte* keine Lust dazu. Er *wartete* draußen.

Auswertung des Tests
31–30 Punkte
Sehr gut! Du kannst die Zeitformen Perfekt und Präteritum richtig bilden.
29–27 Punkte
Das war schon ganz gut, du musst aber noch etwas üben. Schau dir auf den Seiten 13–20 noch einmal genau die Merksätze und die Strategien in der Randspalte an. Schreibe in dein Heft, was du dir merken willst.
Das will ich mir merken: ...
26–0 Punkte
Du musst noch gründlich üben. Lies noch einmal die Merksätze auf den Seiten 13–20. Schreibe alle Verben aus der Randspalte in dein Heft und formuliere zu jedem Verb einen Satz im Perfekt und einen Satz im Präteritum.

Seite 62

Gib dir für jede richtige Lösung einen Punkt.

Aufgabe 1

A) (*Ins Freibad*) (*gehen*) (*Ali und Sinan*).
B) (*Vom 3-Meter-Brett*) (*springt*) (*Sinan*).
C) (*Fünf Bahnen*) (*schwimmt*) (*Ali*).

Aufgabe 2

A) Arzu (geht) zum Arzt.
B) Die Ärztin (untersucht) sie.
C) Die Sprechstundenhilfe (druckt) ihr ein Rezept aus.
D) Das Rezept (bringt) Arzu in die Apotheke.
E) Dort (bekommt) sie ein Medikament.
F) Mit dem Bus (fährt) Arzu wieder nach Hause.

Aufgabe 3

A) Andi besucht (Lisa). *Wen besucht Andi?*
B) Sie sehen (einen Film) an. *Was sehen sie an?*
C) Dann treffen sie noch (ihre Freunde). *Wen treffen sie noch?*
D) Sie trinken mit ihnen noch (eine Cola). *Was trinken sie noch mit ihnen?*

Auswertung des Tests
26–25 Punkte
Sehr gut! Du kennst die Satzglieder und kannst nach dem Subjekt, dem Prädikat und dem Akkusativobjekt fragen.
24–20 Punkte
Das war schon ganz gut, du musst aber noch etwas üben. Schau dir auf den Seiten 28–40 noch einmal genau die Merksätze an. Schreibe in dein Heft, was du dir merken willst. *Das will ich mir merken: ...*
19–0 Punkte
Du musst noch gründlich üben. Lies die Merksätze auf den Seiten 28–40 noch einmal durch. Schreibe selbst einfache Sätze mit Subjekt, Prädikat, Objekt in dein Heft. Frage mit der Frageprobe nach den einzelnen Satzgliedern und unterstreiche sie in unterschiedlichen Farben.

Seite 63

Gib dir für jede richtige Lösung einen Punkt.

Aufgabe 1

angekreuzt werden müssen:
A) Hauptsatz + Nebensatz
B) Hauptsatz + Hauptsatz
C) Hauptsatz + Nebensatz
D) Nebensatz + Hauptsatz

Aufgabe 2

A) Bülent bekommt Ärger, (weil) er erst so spät nach Hause kommt.
B) Jan bringt Lisa nach Hause, (damit) sie noch in Ruhe reden können.
C) Simon hat der Film gut gefallen, (obwohl) er eigentlich nicht ins Kino gehen wollte.

Aufgabe 3

________ = blau
- - - - - - - = gelb

A) Saras Klasse fährt nach Hamburg, weil die Stadt so interessant ist.
B) Die Schüler fahren mit dem Bus und nicht mit dem Zug, damit sie Geld sparen.
C) In Hamburg ist viel zu sehen, aber sie besichtigen nicht alles.

Auswertung des Tests
19–18 Punkte
Sehr gut! Du kannst Haupt- und Nebensätze unterscheiden.
17–15 Punkte
Das war schon ganz gut, du musst aber noch etwas üben. Schau dir auf den Seiten 47–59 noch einmal genau die Merksätze an. Schreibe in dein Heft, was du dir merken willst. *Das will ich mir merken: ...*
14–0 Punkte
Du musst noch gründlich üben. Lies noch einmal die Merksätze auf den Seiten 47–59. Schreibe selbst möglichst viele Sätze nach diesem Muster in dein Heft:
Ich wünsche mir, dass ...
Ich möchte ..., weil ...
Unterstreiche in allen deinen Sätzen das finite Verb im Hauptsatz und das finite Verb im Nebensatz.
Formuliere eine Regel:
Einen Hauptsatz erkennt man daran, dass ...
Einen Nebensatz erkennt man daran, dass ...